民主是个技术活儿

英国民主生活走笔

李梓新 著

南方日报出版社
NANFANG DAILY PRESS

For Emily & Thomas

目录
CONTENTS

序

民主的镜子与悬念

邱立本

如果从谷歌来搜索中文“民主”二字，会立刻找到超过3000万的条目。反映民主的讨论在中文的世界满坑满谷，但怎样将这概念和价值落实到中国人的社会，还是一个巨大的悬念。

我的年轻朋友李梓新就在追寻这个悬念。他躲开概念上的游戏，不再陷进无休止的辩论，而是从具体和技术的层面，剖析英国这个老牌的民主国家历经700多年的民主实践（大宪章是1215年颁发），在今天这一刻是如何操作的。他趁着在英国留学之便，近距离观察当代英国人的民主，发现这其实是一套细密的技术活，它的价值观融进了具体行动的层面，变成了一种生活的方式。

这也带来重大的启示，民主不仅是谈出来的，也是一点一滴地，从具体的生活上着手。那些700多年来的民主追求，波澜壮阔，历尽沧桑，不仅是殿堂上的变化，也是江湖上的共鸣，而最后都要落实到生活的细节，在技术上有操作性，才可以持久不衰。

而这一切的先决条件，在于拥有一个法治（Rule of Law）的社会，确保大家都可以遵守这个游戏规则，崇尚法治的精神，而不是只有法律条文的法制（Rule by Law）。无论是公权力还是私权力，在法律的面前都是平等，都可以在法庭上进入诉讼程序。个体之间的关系，都会受到程序正义（Due Process of Law）的制约和保障。

而民主的成功，最后还是要回归到人的本身。这就取决于教育和媒体。每一个公民的知识结构和信息结构，都影响到参与政治过程的品质。没有良好体质的社会，也就不可能有良好气质的政治。一些拷贝英美民主的国家，从印度到菲律宾，都是只有形似而神不似，画虎不成反类犬。关键就是在教育与媒体方面，没办法建立一个强大而成熟的公民社会，也没有法治的保障。民主只是一个标签，没办法阻止贪腐和滥权。绝对的权力，以民主的名义，变成一头怪兽，吞噬社会的正义。

社会的正义离不开资源的分配。这就牵涉到阶级之争。英国既是老牌的资本主义国家，也是各种社会主义理论激荡的平台。马克思就是在英国写出他对资本主义的批判。今天种种左翼的思潮和著作，都可以在英国出版，但除了思想上的探索，英国的福利政策，历经工党及左翼政党的冲击，从基础教育到公共医疗，都非常重视，也保障了基层民众和中产阶级的利益，尽量让国民拥有平等的机会，创造多元化的人才流动的渠道，避免向权贵阶层倾斜。

在英国这样的民主社会，并不能说贪腐就从此绝迹，但它永远有一个机制来制约，有一个媒体的监督， 来防止权力的滥用。让那些滥权的官员和机构，都难逃公众的责难。

媒体就像一面照妖镜，照出那些让人痛恨和尴尬的滥权。伦敦的舰队街，也是报业的集中地，其实就是这面镜子的总部，发挥了第四权的角色，与行政、立法、司法的鼎足三权并肩而立。

从英国的历史看，民主最后的成就，还在于领导人的气质与胸襟。丘吉尔领导英国在二战击败纳粹德国，但丘吉尔本身却在战后的选举中落败，二战时雄霸天下的首相，1945年黯然下台，但他却一点也没有失去对民主的信心，反而是自我调侃说：人民对领袖的无情，就是一个伟大民族的特征。

丘吉尔后来在1950年的选举中卷土重来，重登首相宝座，做了5年。他还因写作二战战史赢得了1953年诺贝尔文学奖。这都是英国民主发展的佳话，也展示民主所需要的政治文化，要有一种容忍的精神，更要有民主素养的领袖。

但国内民主也往往是海外殖民的源头。丘吉尔的保守党在战后处理印度、马来半岛等地独立的问题时，就难舍帝国主义的价值观，引起了国际进步力量的围剿，也被国内左翼势力所攻击，而最终要让这些殖民地独立。不可一世的大英帝国分崩离析。这也显示英美等民主国家的内部民主，却往往是对外霸权的基础，内外有别，也因此造成二战后第三世界的反弹，即使在冷战之后，还是今日国际关系的矛盾根源。

英国的民主实践，一路走来，累积了不少正面与负面的经验，都是人类的重要遗产，也是中国人所不能忽视的。要解开中国民主的悬念，英国的经验是一面躲不开的镜子，照出我们可以后来居上的信心。

（作者是《亚洲周刊》总编辑）

自序

写一本关于英国选举政治的书稿这一愿望，在2009年7月确定将往伦敦求学的消息时便暗暗在内心埋下了。

在之前的2008年，我受李嘉诚基金会的委派，带领汕头大学的学生报道团，在3个月的时间里于美国各地追踪采访2008年美国总统大选，为国内媒体发送了无数图文报道，见证了奥巴马神话的诞生。而更深入我心的是美国民主的运作方式。我第一次感受到：大选原来是这么丰富多彩的一项社会活动，既有丰富的理论基础，又充满具体的操作学问。用一句话来总结就是：民主是个技术活儿。后来这句话居然成了这本小书的名字。

3个月的时间过于短暂，于美国政治社会的观感仍有浮光掠影之憾。但对西方政治运作的兴趣一经点燃，就无法平息。我萌生了到现代政治民主制度的发源地——英国求学的想法。

一系列历经艰辛的申请下来，被拥有184年历史的伦敦大学学院（UCL）录取，读的是我感兴趣的国际公共政策硕士专业，同时世界银行的奖学金消息也柳暗花明地最终到来。一直对英国事物倍感兴趣的我终于有机会见识这个古老帝国的真颜，它也是迥异于美国色彩的一面欧洲窗户：大西洋两岸的政治风貌究竟有何异同？

在伦敦待了一年，时间仍嫌不够。一方面是一年制的硕士学业紧张，对年过三十的我的脑力更是考验。另一方面，英国政治有太多可观察、可研究之处，而前人在这方面的钻研已经汗牛充栋，作为新闻专业出身，半路出家的政治学科新人，要补的课实在太多。更不用说还有很多活动需要现场采访、观察才能获得直观印象。

令人高兴的是，我带上了太太和年仅4岁的儿子一起到伦敦。一家三口在伦敦的生活方式，使我有更多机会体会到一般留学生难以经历的一些社会侧面。按照英国的规定，居留6个月以上的外国人，便算为当地居民，可以享受免费国家卫生服务（NHS）、子女教育等社会福利。而在跟社会各部门的打交道之中，我对英国的运作规范印象更深。

我们以一个外国人家庭的身份生活在北伦敦佛蒂斯格林路的学校家庭宿舍，离海格特的马克思墓只有一站地铁距离。平日里，看社区的居民投票选举地区议员，选举新的英国首相，游行反对地区医院取消24小时急诊服务，签名抗议北线地铁取消周末营运以维修升级迎奥运的计划。这些大大小小的政治运动就发生在身边，而正常的社会生活从未被这些运动干扰过。这个古老的帝国尽管面临着空前的金融危机，市面生活从来都是平静如当年。

在英国的华人，对政治除了移民政策之外概不关心，他们可能更关心唐人街的菜价是否涨了，牛津街是不是又一波打折季来临。留学生一般也攻读商科、金融、法律、理工类这些方便找工作的专业。英国政治对华人来说，好像是绝缘体。

而对我来说，随着留学生活的深入，我对英国这个庞大政治体系的探险之心与日俱增。

我开始和地区议员交谈，听他们讲获赠一张演出门票也要在地区议会网站上公示才能保持居民信任的故事。我采访本地的国会议员候选人，听这个公开出柜的同性恋者展示他要改变人们偏见的雄心。我还跑到利物浦采访一位竞选国会议员的潮州老乡，在英国保守党支部里用潮州话交谈的确是一场时空穿越。我写信给本地区在任的国会议员要求采访，忙于竞选连任的她一直到获得连任后才有空顾及这个来自遥远国度的陌生人，因为我不是她的一张选票。

他们所努力的这一切，都为了最终获得一张门票，进入泰晤士河畔那金黄色的威斯敏斯特议会——这个国家的神经中枢，一切的蝴蝶效应都从那里发端。而他们都想做那风暴眼里布朗运动中的一颗分子。而他们又是靠一套什么样的逻辑来实现每个人的政治参与呢？

要了解英国的政治制度，要从了解威斯敏斯特体系开始。这项发端于英国的政治体系被世界接近1/3的国家采用过或者正在采用中，以位于威斯敏斯特宫的英国议会而命名。同时，由英国发源的政治思想深刻影响了美国、法国等地的资产阶级革命，这些思想的种子在异国的土壤得到合适的阳光并适时生长，繁衍出新的品种。

而威斯敏斯特体系下的英国对人类的政治思想史发展还有一项贡献容易受人忽视，即在19～20世纪之间，通过1832年选举法改革而奠定全民民主基础的英国，社会稳定，包容性强，为在其他国家被驱逐而流亡的众多思想者提供庇护场所和良好的生活环境。这其中，就包括著名的卡尔·马克思，他的《资本论》第一卷就是在伦敦写下的，而他的晚年数十年时间也大部分生活在伦敦。

威斯敏斯特体系，是一项既保存君主等传统因素又结合现代民主运作的政治制度。它来源于近千年绵延的进化过程。这和300年前美国从一片白纸起根据哲学思想进行理想化的制度设计殊为不同，也更加有可推广性和可复制性。和美国的“三权分立”思想类似，它同样设计了权力的相互制衡。概括起来，威斯敏斯特体系一般具有这些特点：

一、虚君制。一国之君只是名义的君王，作为国家传统的维系和精神纽带，而并不具备实际权力，必须遵守法律，也无权否决议会的决定。

二、强势首相领导下的内阁组建政府，成为国家的真正行政权力代表。首相有权向女王提请解散议会，重新举行大选。

三、多党制议会。议会里包括占据过半数席位的执政党，也包括实力强大的反对党及其他党派。由议会的议席数多少决定哪一个政党上台执政。

四、议会是民选的。它具备立法职能，并能向行政政府投不信任票，要求其辞职并重新举行大选。

五、所有议会辩论记录都整理成文，并向社会公布。

在这个体系下，首相是被推向前台的人物，执行“总统化”的职能，但一个强大的议会使他如芒在背，每周都要向议会述职并接受反对党的问责。即使在他的政党处于议会多数地位的情况下，他也要努力争取议会的信任——那些本党的普通议员造反也不是不可能的。如果是两个或以上的政党联合起来组建政府，像目前的大卫·卡梅伦所领导的联合政府这样的情况，那更加是每天都面临动荡的可能。

威斯敏斯特体系和以美国为代表的“总统制”是有较大不同的。在美国，总统和国会倾向于出现分属不同两党的局面。如果总统是民主党的，则国会在较多情况下是共和党占多数，但总统不会因为国会否决而下台，任期是固定的。而总统也有权否决国会的提案。然后还加上一个最高法院限制总统的权力。这是美国式的三权制衡。而在英国，最高法院的角色直到2009年10月才从传统的上议院独立出来。真正的权力制衡在取得议会多数席位的执政党政府与其反对党之间。它们的关系是动态的。一旦首相领导的政府失去议会的信任，那只能被迫解散而进行大选。而在5年的任期里，首相同样可以在任何合适的时机下选择解散议会，谋求在新一届大选中取得连任。

可以说，总统制更强调领导者的个人魅力。人们往往能记住美国历任总统。而议会制则更强调民选议员的作用，强调的是由全民直选出来的“贤人”为民众进行“代议”。

很难想象，威斯敏斯特体系并没有成文宪法进行保证。因为英国自古到今，没有一本真正成文的宪法。它是根据历年来逐步颁布，逐步完善的各项法规组成整体的法律体系。这也体现了人类探索政治治理方式的过程。

从最早于1215年颁布的《大宪章》，规定教会不受王室控制，国王要受法律的制约，到1689年的《权利法案》，规定国王无权废除法律，议会有独立的运作权力。再到1832年的选举法改革，取消选民的财产资格限制，赋予了大批平民以投票权，然后到1911年的选举法，去除了世袭的、非民选的上议院否决民选的下议院通过的提案的权力。再到后来逐年的法规完善，赋予妇女平等投票权，降低选民年龄限额等。这么一步步而来，才是英国民主制度进化的过程。民主不是一蹴而就，而是需要长达数百年的发展历程。

时至今日，改革还在进行中。威斯敏斯特体系仍有不尽如人意之处。比如上议院里，还有92名世袭议员，让世袭制这种不合时宜的“活化石”还能有容身之地。比如选举制度上，简单多数获胜是否能最大体现公平，仍然有不少争议，新的选举制度改革正在启动中。民主政治确实是一项高技术含量的工作，它需要人们不断去实践，在实践中寻找公平和效率。

在这本书里，我想展现的英国民主政治，不是理论框，也不是历史渊源。我想以自己的亲身经历和观察，向读者系统而具体地介绍这个政治制度以及它所依存的社会背景。这是对政治的“生活化”解读，也是本书名字的来由。政治是具体而富含细节的，它是看得见摸得着的。它需要良好的制度设计，去克服人类共存的一些“性本恶”，去克服制度化（Institutionalization）带来的一些固有的问题。作为世界最古老的民主国家之一，看看英国人在这方面怎么做，怎么思考，对我们颇有借鉴意义。

1945年7月，当温斯顿·丘吉尔刚刚带领英国赢得第二次世界大战，他领导的保守党信心满满地想在那硝烟中的英国大选取得连任（战时政府是保守党主导的联合政府）。没想到迎接他的是一场惨败。他失去了原有383个议席中的近半数（190席），将首相之位拱手让给爆冷胜出的工党领袖克莱门特·艾德礼。尽管选民赞许丘吉尔政府的战时表现，他们仍然更相信工党政府能够更好地引领他们进行战后重建。

失败的丘吉尔甚至遭到了斯大林的嘲笑："在你的国家，胜利者却下台了。"丘吉尔的回答是："我带领英国取得胜利，就是为了保护他们可以将我选下台的权利。"

而这就是英国政治价值观的一个重要体现：对个人权利和自由的重视，更胜于权力的更迭。

在21世纪的今天，这一价值观的意义正越来越显著。

威斯敏斯特

威斯敏斯特，这个名字读起来虽然有点饶舌，但别有气势。它是英国真正的权力中枢，那些从社会各阶层公选出来的下院议员，行使着这个国家的真正权力。女王？她住在离威斯敏斯特一箭之遥的白金汉宫。在君主立宪制下退居幕后的王权，和威斯敏斯特的议会保持着适当的距离。

于游客的角度，威斯敏斯特最吸引人的是那金黄色的大本钟，它是伦敦的地标，经常在阴云密布的泰晤士河劈开一道明亮的景致。在江西赣州立起113米的钟楼之前，151岁的大本钟一直是世界最高的钟楼。如今，古老的历史也输给了“中国速度”。

吸引眼球的，还有在大本钟对面广场上长年搭帐篷驻扎的抗议人群。他们以那片小绿地为家，寸步不离，甚至露天生火做饭。打在污迹斑斑的帐篷外的横幅，一般是抗议英国出兵伊拉克和阿富汗的。自2010年中，政府开始清理这片广场，理由是他们侵占了公用绿地，同时生火的烟雾直接危害到威斯敏斯特宫这座世界文化遗产建筑。但抗议人士只是撤出绿地，把战场移到了马路牙子上继续战斗。

而威斯敏斯特宫门口，那些戴着黑色大毛帽，身披红色军服的卫兵对此并无心过问。他们还是慈眉善目，乐意和游人合影留念。一般的游客，在壮观的威斯敏斯特宫前与带着神圣传统光环的英国卫兵合影，可能已经心满意足。但并不是每一个人都知道，任何一个游客，无论英国公民与否，都可以进入议会里一丝一毫地观察议员乃至首相的高谈阔论。像我这样从来没进过人民大会堂的不合格媒体人，若不是之前在美国国会山采访听证会时意外发现畅通无阻，也不会想到可以在英国威斯敏斯特宫重施故伎，旁听人家的

●克伦威尔的雕像就矗立在威斯敏斯特议会正门口，已有百年之久。

政治活动。

问题的关键是，当权者所谈的事，虽然都是国家大事，却不遮遮掩掩。政治机密，是我们从小以来的习惯性思维。而人家却对“机密”有极精确狭窄的定义。一部《信息自由法案》（Freedom of Information Act）自2000年通过，并于2005年1月1日实施，规定了任何人，不管是否拥有英国国籍，也不管是否居住在英国，都有权利了解英国自中央到地方各级政府部门、警察、国家医疗保健系统和教育机构在内的约10万个英国公立机构的信息。而国家安全、法院和王室才属于机密范围之内。这种清晰的划分让每一个公民心中有数，什么是自己可以了解的，什么是需要特定情况才能了解的。而代表国家最高权力的威斯敏斯特议会，其会议过程和所有档案，是由《信息自由法案》规定的必须向公众开放的重头内容之一。

只要避开每年7～9月的议会夏休假期，选一个正常工作日，来到泰晤士河边的议会广场，在大本钟对面的议会书店拿一张免费的当周日程表，一周五天里议会在什么时间讨论什么议题便了然在胸，还可以在店内选购英国政治方面的书籍，临急抱佛脚恶补一下。然后穿过威斯敏斯特桥大街，走到议会公共入口圣斯蒂芬（St. Stephen）入口，工作人员递来一个绿色的塑料牌子，就可以沿着长长的走廊进入议会了。

在走廊的半途，你会看到一个持剑铜像，立在威斯敏斯特宫外部正面的显要位置。原来他是英国历史上唯一一段王权旁落时期的掌权人——“护国公”奥利弗·克伦威尔。他的铜像立在议会门口这么显著的位置是颇令人意外的。这位英国历史上唯一打败王权，成立共和政体，并在1649年将英王查理一世送上断头台的起义军首领，在如今的君主立宪制政体的氛围下仍然被如此高调地纪念，令外人惊讶于英国王室的豁达。

事实上，当1895年时任首相罗斯伯里伯爵（Lord Rosebery）提议在威斯敏斯特宫门口设立这座铜像时，在英国国内也掀起了巨大的争议。由于克伦威尔曾入侵爱尔兰并屠杀平民，所以在当时的北爱尔兰议员的抗议下，为建造雕像而掀起的公众筹款活动被迫中止，但罗斯伯里伯爵个人暗中进行资助，使铜像在1899年，也即克伦威尔诞辰300周年之际揭幕。由于害怕公众抗议，甚至不敢搞揭幕仪式。铜像的克伦威尔一手持剑，一手拿《圣经》，但低首沉思，据说是为了让他的目光避开就藏在街对岸的圣玛丽教堂里的查理一世。

铜像就这么留了下来，还在威斯敏斯特宫门口显要的位置立了100多年，成为其标志雕塑之一。其背后原因，我揣测，是议员们认为克伦威尔代表了一种精神。克伦威尔自己曾是一名下院议员，并带领议员反抗想解散议会的查理一世。议员是民选的，它比“君权神授”的君王更有合法性。今天，尽管英国王室已经全然拱手让权，但克伦威尔的铜像立在这里，能给每天进进出出威斯敏斯特宫的议员们一种价值观提醒。

“无论你多高高在上，法律在你之上。”这是英国流行的一句格言。1689年《权利法案》通过之后，国王再不能否决议会颁布的法律，内政大权全部交给下议院推选出来的首相。但王室通过让

●威斯敏斯特宫守门的卫兵都乐意和游人合影。

权的妥协，得以保存自身的传统，并将英国整个社会的文化礼仪传承下来。现存的君主立宪制，并不能简单被视为落后而陈腐的历史。

这种明智的妥协使普通人如我，在今天也能够自由地进入威斯敏斯特宫，而不用行任何三跪九叩之礼。经过克伦威尔铜像，在那条长长的走廊尽头，是一个类似于机场的安全检测仪。除了照例的放包检查，还会被拍摄一张头像照片，打印出来作为游客当天在议会的正式通行证。

在大厅的地板上，我找到这样的字迹：“在这里，查理一世被关于囚笼接受公开审判并获死刑。”而不远处，则是当年丘吉尔逝世后的灵柩停放处，享受全民瞻仰之哀荣。君主与民选首相，无论其出身及地位如何，民众仅以其在世作为而判断之。

进入议会会堂后，公众是被安排在二楼上的公众看台，透过玻璃墙向楼下的正在唇枪舌剑辩论的议员眺望，像是欣赏透明玻璃箱里的一场行为艺术。

最初这里是没有玻璃墙的，但事实证明英国人的自信是失策的。1970年北爱尔兰抗议分子的催泪瓦斯从二楼扔到了一楼。而1978年，投掷物改成了数包马粪。1996年，又有传单从天而降。即使这样，也没有人提议取消公众参观，耐心的英国人直到2004年才下决心建起了玻璃墙阻挡抗议行为。同时，在进入议会前设置了强制的存包处，所有相机、手机及提包都得暂时寄存，并需要登记参观人的地址和联系方式。

如果看不清楚，可以抬头看看放置在角落里的几个电视屏幕，它们对辩论进行直播。而公共观众席的对面二楼则是记者席和笔录人员席。想要最准确完备的辩论记录，可以在第二天早上8点后到议会网站上名叫“Hansard”的档案库去查询，无论是首相的发言，还是他和反对党领袖的针尖对麦芒，包括每个议员的每句话都清楚无误地呈现在上面供公众检阅。这项服务已有超过200年的历史，而在1909年正式由议会官方接管并颁布每日的记录。

从记录中，这样的字句还能让人看到当时剑拔弩张的气氛：

“这是本届议会的最后一次首相答问时间，这是最后一次让首相显示他对自己所做的决定负责的机会。他会承认当英国军队开进战场的时候，他们并没有得到足够的直升机保护他们去完成任务这一重大失职吗？”这是2010年4月7日，当时身为保守党领袖的大卫·卡梅伦在议会上就英军士兵在阿富汗牺牲的事件质问布朗。

布朗回答说：“我并不认为每次我们派军队出征，司令官们都对我给出了错误的建议。他们都对我说，士兵已经装备齐整。每次我问司令官们：‘我们能完成这次任务吗？’每个人清楚地说可以完成。所以我会对这位尊敬的绅士（指卡梅伦）说，我们已经竭尽所能地装备我们的军队，我们还将继续这么做。是的，我将负全职，但我是从司令官们那里得到建议的，他们的建议非常清晰。”

卡梅伦立即回击道：“这个答案不言而喻。我们的首相总是指责他人而推卸自己的责任。为什么他就是不承认我们缺少必要的直升机这个人尽皆知的真相？……”

这次辩论之后没几天，议会就解散了。一个月过后，布朗宣布辞职，而卡梅伦和自民党领袖尼克·克莱格组成了联合政府上台执政。接下来轮到他每周三站在布朗的位置上，接受对面的反对党——工党的质问了。

这就是公众通过那些玻璃幕墙可以看到的威斯敏斯特政治真人秀。首相每周三中午12点来这里被议员“审问”半个小时，各部大臣每月一次。其他各种议案讨论、委员会讨论也贯穿其中，将每天的议会日程安排得满满的，有时甚至激辩到深夜。

即使你不能亲身前往，也可以在家里打开BBC的议会电视频道看直播或者录播。这个自1992年开播的频道在开始的十年只有音频，今天已经羽翼丰满。可令人意外的是它的收视率很低。司空见惯的英国人对政治已经了无兴趣。这样的政治真人秀没有《非诚勿扰》在中国那么火爆，收视率很低，不到全国的0.1%。很多人抨击BBC的这个电视频道浪费了纳税人的钱，又说，这是夜间最好的催睡剂。

这就是引人入胜的英国议会政治现状。每天有激烈精彩的政治大戏，但平民生活却安静如水。仿佛谁上台，谁下野，政党更迭并不能对这个国家的日常生活产生多少影响。这背后，是怎样的一种社会游戏规则在作用呢？

女王的权力

从贯穿伦敦东西的Piccadilly地铁线上的Green Park站出来，步行片刻便可来到白金汉宫。如果你想象它该有紫禁城那样的广袤和气派那就大错特错了。算上附属的花园，它也只是位于伦敦闹市之中一片约20公顷的地块，约当于我以“袖珍”著称的母校中国人民大学面积的1/3。然而在地价寸土寸金的伦敦，连王室都要掂量掂量预算。

每年夏季开放期间，世界各地的成千上万名游客都蜂拥至此来参观，而女王则到她的温莎城堡避暑去了。游客们看到的是一座与法国凡尔赛宫风格类似的王宫，金碧辉煌，挂满了西洋名画。自1837年维多利亚女王执位以后，这里便一直是英国国王的宫殿。

这座最先由白金汉公爵拥有的房子能变成白金汉宫，有赖于19世纪20年代英王乔治四世和他宠信的建筑师约翰·纳什不计成本的翻修。预算从25万英镑一直跳到61万英镑。在乔治四世于1830年去世后，失去了保护伞的纳什也因为“严重超支”的罪名被议会解雇。

从这个故事中，国王与议会的相互制约关系已能让人隐隐察觉。随着百余年来平民普选的进一步普及，英国君主立宪制下的王权更加沦为形式。在21世纪的今天，王权显而易见地会成为受人诟病的对象。世袭制在现代社会显得有点时空倒错，不合时宜，甚至也成为批评者抨击英国保守的一个靶子。

事情的真相又是如何呢？

当今英国女王伊丽莎白二世的头衔全称是“受上帝福佑，大不列颠及北爱尔兰联合王国与其国土和领地之女王，英联邦元首，国教（圣公会）信仰的保护者”，单词之多大概可以与女王拥有的礼帽数量相媲美。

漫长的头衔也揭示了女王的地位的仪式化。她更接近于这个国家精神与宗教层面的庇佑者角色，是联合王国一个人格化的象征。在外交领域，她是一国之君，更是虽然早已独立的50多个英联邦国家从精神意义上宣誓效忠的君主。而在内政领域，她在对立的议会执政党首相和反对党之间扮演一个居中进行最后认证的权威角色：她既可以按议会选出的人选任命首相，也可以接受首相的建议宣布解散议会。为了维持双方的实力平衡，削减执政党的优势，在每次大选时，还会有一项以她命名的专款拨给反对党供其竞选之用。

作为一个人格高尚的君主，女王受到的尊敬不仅遍及英伦，而且是世界性的。当《上帝保佑女王》的歌声响起，这个世界1/4国家版图上，还会有人手抚胸口，深有共鸣。这是昔日“日不落帝国”留下的荣光。它就像数百年来一笔庞大的非物质遗产，由历任

●白金汉宫与威斯敏斯特宫大约两公里之遥，平日游人如织。

的英国国王所继承。

但这个一国之君，是受法律权力所规范的。议会是立法者，虽然法律要经过女王批准，但女王从18世纪以来，从未否决过议会通过的法案，她只是一个橡皮图章而已。

更有甚者，女王的日常经费其实也是议会发的。议会规定，英国王室每年可获得4000万英镑左右的拨款，包括1500万英镑白金汉宫和温莎堡日常维护费用，400万英镑的王室出访费用，以及790万英镑的王室工作人员薪水费用等。自2008年底金融危机爆发后，议会也顺应民意削减了300万英镑的王室拨款。王室2009至

2010财年花费的纳税人资金为3820万英镑。

加上通货膨胀引起的货币贬值，女王不得已要动用自己的储备基金补贴家用，或者对白金汉宫工作人员进行裁员。2010年5月，女王向议会提出了加薪，尽管她的个人资产还高达2.7亿英镑。但如果每年自掏腰包补贴上千万英镑，不用多久她也将不名一文。

作为王权代表，一国之君的女王平时是不到威斯敏斯特出席议会的。除非是每年新议会开幕，或者新一届的政府成立。那是伦敦城的大场面之一。

每逢此时，仪式极其隆重。王室的堂皇的车队经常引起特拉法加广场万人围观，红色和金色为主色调的马车像是中世纪画面的重现。威斯敏斯特议会大厅内，卫兵仪仗队在两旁列队恭候。议长也会身着传统黑底镶金服装，引领身着西服的所有议员进殿聆听女王宣讲。场面庄重而融洽。

女王自威斯敏斯特专用通道进入，并先进入其御用的衣帽间梳妆打扮停当，最后来到上议院的专用王座上入座。上议院的会场经过改装，摆满了一排排桌椅。能够拥有一张门票参加这样的盛会是无比难得的。不过每年王室也邀请不少儿童、残疾人、长者等参观庆典。

随着典礼官的传令，经下议院院长宣布之后，首相及其内阁从下议院步行，走过威斯敏斯特的大厅来到上议院觐见国王。气氛是欢乐而轻松的，特别像是2010年刚刚上台履新，踌躇满志的卡梅伦、克莱格内阁，他们都身着西服，而不用像议长一样披传统服饰。一队人一路谈笑风生，还有人趁机讲几个玩笑话点缀气氛。

众人觐见过女王就座之后，女王就要开始宣读年度的政府施政纲领。2010年5月25日，新一届议会开幕之日，当女王伊丽莎白二世戴着金丝眼镜，颤巍巍地宣读卡梅伦和克莱格的联合政府施政纲领时，可能她自己都感到沧海桑田。建设宽带网络这样的话语从女王口中说出看起来有时空错乱之感。自1952年登基以来，她已经任命了11位首相。那么多面孔从她面前滑过，唯有女王一脸平静。

像文章的开头谈到的，首相与国王之间的关系，有时是无比微妙的。

首相是平民投票选出来的，但需要女王确认和任命。这虽只是一个形式，但王权借此在英国得到了沿袭和尊崇。今日这样的局面，是英国历史上王权和民主斗争与妥协的结果。

封建君主制带来暴力反抗，在世界各地几成必然，英国也不例外。当奥利弗·克伦威尔在1649年把查理一世送上断头台之时，王权在英国暂时画上了一个戛然而止的句号。然而过度的激进会使历史出现倒退，克伦威尔的刚性统治只维持了11年，便被斯图亚特王朝复辟，上台的詹姆士二世实行集权统治，还试图恢复天主教为英国国教。这同100多年后，法国大革命中罗伯斯庇尔将路易十六斩首并实施雅各宾专政过后，法国出现的却是独裁君主拿破仑这一幕如出一辙。

信奉新教的托利党和辉格党人，秘密地把詹姆士二世的女婿威廉从荷兰请来，实施了1688年的“光荣革命”，将威廉奉为新国君，即威廉三世。威廉能上位，当然需要和政党们妥协，于是签订了《权利法案》，规定国王不能否决议会颁布的法律，国王也要像臣民一样遵守法律，内政大权全部交给下议院推选出来的首相。不可侵犯的“君权神授”成为历史尘埃，而王室通过让权的妥协，得以保存自身的传统，并将英国整个社会的文化礼仪传承下来。

对于君主立宪制的讨论，学界褒贬不一。有的认为是民主改革不彻底的产物，因为世袭制度在21世纪的今天显得有点不合时宜，而且王室拥有的特权和富裕资财也是批评的目标之一。在英国，伊丽莎白女王深受爱戴。但尚存的90多位世袭上院议员，一直饱受攻讦。卡梅伦政府甚至可能会改革取消上院的世袭制。

支持君主立宪制的人士则认为这个制度避免了波动不安的暴力革命，国民对数百年来形成的固有文化传统的尊崇，是一种共同价值纽带，这种传承保持了社会的安定。甚至还有学者对中国当年的君主立宪制实验的失败表示惋惜。

对于英国人来说，这是他们每个人与生俱来的一种天然制度。王室给他们提供不少茶余饭后的谈资，无论是查尔斯王子与卡米拉之间的旷世之恋，还是哈里王子的年少秃头，抑或黛安娜王妃的香消玉殒，小报们都大肆炒作。女王本人更被搬上银幕，描述她和托尼·布莱尔如何共渡时艰。这部名叫《女王》的电影实际上为女王的形象加分不少。

2010年夏天白金汉宫最吸引人的展览，名字叫做“女王的一年”，里面用各种物品和图片展出女王在一年里繁忙的工作：接见外国使节，举办夏季午餐会，到全国各地进行亲民活动，甚至还到站台视察伦敦地铁。有一个橱窗专门展出了她花样百出的礼帽。因为她每次活动戴的礼帽几乎没重样过。

而对于女王来说，一年里最重要的事是在圣诞节时向全国臣民发表《圣诞文告》，这是女王每年唯一一次和民众的直接沟通，由电视进行直播。女王的父亲乔治六世曾在二战时的圣诞节鼓动全国军民团结抗敌。《圣诞文告》这也成为国王与臣民进行情感联系的纽带。2010年底，这段故事被拍成电影《国王的演讲》在全球热映。大概物以稀为贵，《圣诞文告》电视直播通常有超过千万的观众收看，远超过一般的议会辩论。而这代表了英国国民对女王的拥戴和热爱程度。

下面有请卡梅伦先生出场

近百年来，最被全球人民记住的英国政治人物，恐怕不是女王，而是那一个个独具性格的首相。从矮矮胖胖而又坚毅无比的丘吉尔，到雷厉风行的“铁娘子”撒切尔夫人，到温文尔雅的托尼·布莱尔，再到不苟言笑，时常犯错的戈登·布朗，让世界多了不少谈资。

首相看起来，是国王一人之下，万人之上的职位。但他是实际上的国家领导人，代表着大不列颠的形象参加国际会议，并行使国家的行政大权。

看起来光鲜，但其实首相也最容易成为曝光率最高的恶人。人民有任何不满，不会冲退居幕后的王室去，当然是冲向前台的行政班子。首相是首当其冲的责任人，以戈登·布朗为例，在他执政的三年之中，他成了无数幅讽刺漫画的主角、脱口秀的揶揄对象，甚至商业广告也来打他的主意。在他辞职的当天，著名的廉价航空公司——爱尔兰的瑞安航空便打出一幅布朗的落魄样子的广告，旁边配上文案说现在首相都赶着坐他们的廉价航空出国度假散心。而在鼓励反对党的威斯敏斯特体制里，首相的日子更不好过。

历史上的第一位首相，被公认为是1721年上任的罗伯特·沃波尔（Robert Walpole）爵士。他在乔治一世执政时期被任命以解决当时的金融危机。不过在那个时候，首相连同他的内阁，都是国王挑选任命的，和今天的议会权力中心制区别巨大。而且由于缺乏宪法的保障，在之后的近百年间，那些实际上充当了首相职务的政治家并不愿意采用“首相”这个称谓。直到1832年的选举法通过之后，首相的人选才第一次由选民投票选出，国王再无决定权。而直到1905年，官方才正式认可了“首相”这一头衔。

现代历史上，最受英国人欢迎的首相大概是温斯顿·丘吉尔了。可是他在领导大战胜利之后，仍然无情地被人民选下台。这同样映衬了首相日子不好过的事实。

现在，下一个愿意来担当这部悲喜剧主角的，则是大卫·卡梅伦先生。说起大卫·卡梅伦，很多人都以为是拍《阿凡达》的那位名导演卡梅隆，因为最早两人的姓都被翻成“卡梅隆”，却不知虽然姓氏相近（Cameron VS Cameroon），但导演名叫詹姆斯。后来大卫成功当选首相，名满天下。而中文媒体也开始采取新华社的统一译法，称之为大卫·卡梅伦。

大卫·卡梅伦，这位典型的盎格鲁—撒克逊白人后裔，有广阔的额头和鹰钩鼻子，在2010年5月初夏，他开始闯入全世界的视野，并以后生可畏的势头从年近花甲的戈登·布朗手里夺走了权杖，成为自1812年以来近两百年间英国最年轻的首相。

大部分1960年代中期出生的英国人，自小便沐浴在披头士的吟唱之中。遥远东方的狂热革命也因为大洋相隔而绝缘。资本主义经济危机的又一波在1970年代来临，英国政坛也经历了小小的波动，保守党的爱德华·希思（Edward Heath）、工党的哈罗德·威尔逊（Harold Wilson）和詹姆斯·卡拉汉（James Callaghan）先后组阁。那个时候，卡梅伦还只是一个私立贵族学校中的小学生，在女王驾临巡视时扮成兔子跳舞欢迎圣驾。没想到30多年后，他成了女王殿下的首相。

与工人家庭出身的布朗相比，卡梅伦出身贵族世家，少无忧虑，行为叛逆，17岁高中毕业前曾因为吸食大麻被学校处罚。其家族来自苏格兰，是英王威廉四世直系后代，与伊丽莎白女王有亲戚渊源，曾祖父曾当过汇丰银行的伦敦分行行长，父亲是一位股票经纪人。他一路从伊顿公学到牛津，其在牛津所读的哲学、政治和经济专业，也即今天薄公子薄瓜瓜就读的老牌专业。

在牛津的日子，他是一个好学生，也是学院网球队队长，还参加了不少花天酒地的俱乐部。当年和他一起混的同学，便有今天的伦敦市长鲍里斯·约翰逊（Boris Johnson）。这个金黄色头发的少壮派在2008年5月出人意料地击败了伦敦多年的老市长，工党的利文斯通，当选为新任市长，并在北京奥运会上，从北京市长郭金龙手中接过奥运会旗，代表下届奥运会主办城市伦敦挥旗示意。只是由于他当时衣着随便，没打领带，没扣西装扣子，被中国网民斥为“不礼貌”。卡梅伦和这位桀骜不驯的伦敦市长的一个共同点是爱骑自行车上班，充分显示其环保和廉洁。他自当选保守党领袖之后就开始骑自行车上班，可惜到今天已被偷过两辆。当选首相之

●骑自行车的卡梅伦。

后，他最常用的交通方式变成了步行。而这个时候，伦敦市长约翰逊已经开始在伦敦全市开展公共自行车的出租计划，将自己的爱好普及为全民运动，得到不少正面评价。

卡梅伦和约翰逊代表了在保守党内崛起的牛津少壮派。卡梅伦竞选的副手、影子财政大臣乔治·奥斯本（George Osborne）也是牛津校友，还比他年轻5岁。而他的另一位同学大卫·米利邦德(David Miliband)则在布朗执政时期官至外交大臣，2010年竞选布朗让出的工党领袖一职落败。

然而进入社会，卡梅伦也需要从底层做起。像大多数迷茫的新毕业生，他还不知道自己的职业方向，应聘《经济学人》杂志又失败了。幸好，来了一个保守党中央研究部的工作，做最初级的研究员。他需要每天4点45分起床去上班，一做便是5年。

为了买一套房子，新婚不久的他跳槽去收入更高的媒体公司工作。但那时的他，已经清楚自己的舞台在政治上。于是在入职前，他和老板约定，自己过两年还要竞选议员。老板给了他一个薪水相对较低的职位。可惜在1997年的大选中，卡梅伦失利了。2001年，他换了一个选区，回到他熟悉的牛津以求卷土重来。这一次，他辞掉了媒体公司公关总监的职务，全力以赴，终于让自己在35岁时拿到了走进威斯敏斯特议会大厅的门票，成为一名国会议员。

但谁也没有想到，当选议员之后，他在保守党内会以火箭般的速度蹿升。在2003年11月，他成了当时保守党领袖迈克尔·霍华德（Michael Howard）的助手。两年后，当霍华德大选失败而辞职时，卡梅伦成了新领袖的热门人选。连续三届大选败北的保守党决心打新人牌，和1990年代初，遭受挫折的工党起用新人布莱尔挑战保守党的策略如出一辙。卡梅伦生逢其时，38岁便顺利上位成为保守党领袖。

2010年大选是英国政坛历史上少见的一幕：三驾马车并驾齐驱。而历史最悠久的两个政党——保守党和自由民主党，派出的掌舵者都是血气方刚的中青年，比起1966年出生的卡梅伦，自民党领袖尼克·克莱格（Nick Clegg）比他还更年轻半岁。原本惯于左派激进的工党党魁，则是一位年近花甲的长者，生于1951年的戈登·布朗。

最后的结果，果然是长江后浪推前浪，前浪死在沙滩上。两位新人联手上台执政。卡梅伦领导的保守党没有获得过半数的议会席位，他选择了和克莱格的自由民主党组成了联合政府。

卡梅伦代表的是英国主流白人的价值观。在金融危机挥之不去，时局多艰之际，选民倾向于回归他们最熟悉的传统价值观。历史上，当英国遭受危难时，一般都是保守党执政或者以其为首组成联合政府。比如在二战时的英国政府便是丘吉尔领导的保守党为主体的联合政府。保守党尊崇王权，恪守英国本土主义，反对过分融入欧洲一体化，提倡大市场小政府。在危机中这些主张给英国人以熟悉感和安全感。

工党则是自19世纪末因为第二次工业革命壮大的工人阶级建立的改良派社会主义政党，至1920年代势力逐渐扩大，取代了自民党成为保守党逐鹿英伦的新对手。保守党和工党两党轮流执政，在英国社会已持续80多年。本届大选之前的31年间，保守党执政18年（撒切尔夫人和约翰·梅杰），工党执政13年（布莱尔和布朗），这种长时间的执政使重新崛起的另一政党需要花大力气才能消除前任政府的影响。

以本届大选为例，尽管布朗的下台在大选前已经几成既定事实，但工党执政13年来留下的影响仍在。保守党仍然无法取得压倒性的优势，不得不谋求与自民党成立联合政府，先把布朗赶下台再说。而自民党的民意支持率上升，反映出持中间观点，选中庸道路的选民越来越多，随着冷战时代的结束，选民的思维不再非左即右。

现在，年轻俊朗的卡梅伦代替了总是愁眉紧锁的布朗，成为英国新一任首相。这是英国在进入2010年代这新十年的一次重大形象重塑，也是在时局危难之际历史交给这位近200年来最年轻首相考验性的一棒。

上议院：一落千丈的贵族政治

从威斯敏斯特的圣斯蒂芬入口处进来，如果你从导览员手里拿的不是一张绿色的牌子，而是红色的，那么意味着你将要参观的是上议院，红色是它的象征颜色。而绿色则属于下议院。

进入上议院显然没有下议院那么繁琐，只需在厅前的长凳上坐等，也不用填居住地址。通常参观者也不会太多，因而楼上观众席的规模也比下议院小得多，只有四五排。不过上议院的装饰比下议院显得更加金碧辉煌，以红色为基调，花足心思。最上首是国王的宝座。每一年议会开幕以及每一届新政府成立之时，女王便在宝座上接受群臣觐见。

上议院的布局，与下议院略有不同。除了同样将执政党和在野党的议员隔开相对而坐之外，还有一批座位是供中立议员（Crossbencher）所坐的。中立议员一般是无党派人士或者一些小党成员，不依附于某个大党。他们是上议院里一个比较大的组别，共有208席，约占总议员数的1/3，是上议院里工党之外的第二大势力，比保守党还多。这些中立议员，大多数是被册封的社

●上议院的标志色是红色，它的存在更多是历史的传承，而没有多少现实意义。

会贤达，只有少数是无关痛痒的世袭议员。

上议院的会议显得冗长而懒散，没有下议院的那种剑拔弩张，针尖麦芒，年老的议员们有时更像是在自说自话。而上院议长也没有像下院议长那样有决定谁发言的权力，只能是象征性地主持会议。整个会议室的气氛让人昏昏欲睡。观众们一般也失去耐心，几分钟就会换一批人。

失去了权力，使上议院像丧失了灵魂的一个老人院。改革乃至取消它的呼声在英国国内一直高涨，尤以工党为首。但也有一批传统保守势力在坚持。这个改革时断时续，前景还未见分晓。

于中国人的文化习惯来说，上为尊。从字面理解，上议院当然比下议院更高级一些。但是在今天的英国，真正掌权的是下议院（House of Commons，字面意思是“普通人的议院”），而上议院（House of Lords，字面意思是“贵族的议院”）则几乎成为一个摆设，尽管它有722名议员，比下院议员还多出72名。这种出人意表的权力倒置也反映了英国政治结构和社会思想在数百年来的重大变迁。

其实，上议院在历史上也威武过。它最早是中世纪时由贵族和资深神职人员组成的向国王提供建议和决策咨询的智囊团。这个智囊团的权力时高时低，与王权成相互影响波动之势。不过在15～17世纪之间，随着亨利八世等威权君主的出现，上议院的作用也被削弱，但仍然比众议院更有影响力。

上议院权力旁落的第一个转折点在17世纪中期的克伦威尔时期。下院议员出身的克伦威尔推翻帝制之后，彻底取消了上议院，在将近10年左右的时间里，上议院是不存在的。直到1660年查理二世复辟才重新恢复。

在那之后的近两个世纪里，上议院继续维持住自己的优势地位。一批贵族获得了世袭资格。但是在历史性的1832年选举法案中，上议院遭到了沉重打击。这个选举法案降低对选民财产资格限制，增加平民选民的数量，由他们来遴选众议员参与国事。平民势力的扩大自然影响到上议院的地位，因而在下议院通过该法案之后，上议院不予通过。这个时候，时任首相的查尔斯·格雷伯爵，因为热心改革，说服国王威廉四世，册封80名倾向于改革派的上院议员，让他们可以参加投票，以改变上议院内部的力量对比，来使该法案通过。结果就在国王正式实施该计划之前，上议院的反对派宣布失败，接受了这一著名的1832年选举法案。

从那之后，上议院的权力日渐衰落。在1911年，时任首相的自由党领袖亨利·阿斯奎斯推动了对上议院的权力形成致命打击的《1911年议会法案》的通过。这一法案规定上议院无权拒绝通过下议院提出的提案，也无权修改提案。这一招基本废了上议院，使它差不多成了一个橡皮图章，专门背书下议院的提案。

但橡皮图章也有一个武器，那就是“拖”字诀。你下议院的提案报上来，我一直拖着不给你批复，等于变相使你的法案无法马上实施。但《1911年议会法案》也不含糊，规定上议院的批复时间不得超过两年。到了1949年，更新的议会法案又将这个期限缩短到一年。

接下来，上议院更成了案板上的小白鼠，成为轮番上台执政的各党派政治家的改革实验目标。最惹眼的因素，便是世袭制。在平民公选执政党的民主潮流映衬下，世袭制显得古老而荒唐。所以大部分的改革方案的目标都是为了最终消除上议院里的世袭制。1958年通过的《非世袭贵族法案》（Life Peerages Act）开始授予在社会各领域表现出色的人士获得在其生命期限内的贵族资格，该资格不能世袭，随获颁受人的生命终结而终结。人选一般由首相在其任期结束前向女王提名，由女王最终批准。获颁受人士一般是表现出色的政治人物，也包括一些有杰出表现的平民。这种往上议院里面“兑水”的办法，目的便是降低世袭贵族的比例。

紧接着的1963年法案则鼓励世袭贵族放弃自己的爵位，这样他们才能有机会参与下议院议会的选举投票或者成为下议院议员候选人。还真有放弃爵位的贵族，因为这样他们才不会躺在历史的垃圾堆里被遗弃，才能在政坛上开展一番事业。

1997年，一直想改革上议院的工党终于重新上台执政。年轻气盛的布莱尔将去除上议院的世袭制列入了工党党章里面。在他的推动下，1999年通过的上议院法案规定只保留92名世袭贵族，其他630名贵族议员全部都为非世袭。这样，上议院压倒性地为非世袭议员所占据。

不过这项改革停下来了，布莱尔显然遇到了阻力，在他的任内，他没能将世袭因素彻底去除。即使是现在新上台的保守党领袖大卫·卡梅伦，虽然在施政纲要中提及上议院改革，却没有具体的时间表。

上议院被剥夺的最后一项权力，是作为最高上诉机关的地位。2009年10月1日，英国历史性地成立了最高法院，将司法权力与立法权力剥离。尽管有舆论认为之前上议院的司法功能运转良好且经费低廉，但也无法阻止这项胎动于2003年的决议的最终实施。

上议院权力地位的一落千丈，究其原因是民主观念在社会上占据主流地位所致，尽管英国社会本身格外重视传统，但在权力分配和制衡方面，却不容许因循守旧，只有不断自我革新，才能实现社会权力真正为民众所拥有。几百个以家庭为单位的世袭贵族是不能适应今天的国家治理需要的。在对待历史传统的传承和革新上，英国人的态度是值得借鉴的。

下议院：政府的问责者

就这样，威斯敏斯特议会几乎成了下议院的专属称呼。下议院又叫平民院（House of Commons），其英文名字最引人注目的就是“普通人”，这些相对于贵族来说的普通人，如今真正掌握着这个古老帝国的命运。

那么，代表大多数人的下议院，又是怎么运作的呢？

下议院的议员共650名，从全国划分的650个选区选出，任期4到5年，到新一届大选宣布投票日为止。下议院议员在英国通常被简称为MP（Member of Parliament），从字面一看，确实和首相（PM，Prime Minister）是对头。

议员是很神气的。他们最大的权力在于代表了这个国家的立法权。大小法律，由政府或者某名议员提案后，要由全体议员表决通过，才能提请女王执行程序式的批准，成为国家法律。而在平时，几乎每个工作日，议员都可以在威斯敏斯特的议会大厅里，听取首相乃至政府各部门的述职，并加以问责讨论。碰到大事或者有必要的主题，还要召开专门的讨论会进行研讨。

●肃穆的下议院大厅，议员们从这里穿过。

议会里面，过半数的自然是执政党的议员。但也有相当一部分的议员，是属于反对党和其他小党。第一大反对党，被冠名为“女王的反对党”，地位最高，代表着议会的反对力量，和执政党政府针锋相对。它还有权设立“影子内阁”（Shadow Cabinet），即按照现行政府的各部设置，在各个职位都分派一个对应的“影子大臣”。所以，反对党领袖其实也就是“影子首相”，他手下为“影子财政大臣”、“影子外交大臣”等一应俱全的各个职位。这些影子大臣的职责就是盯住各自对应的大臣，对其现行政策提出问题进行攻诘，或者提出新的政策主张。近80年来，保守党和工党一直轮流坐庄，今天你是执政党，我是反对党，明天就反之。

第二大反对党，长期以来都是自由民主党，也设立了类似的影子内阁，但影响力就没有那么大。2010年大选之后，出现了特殊情况：自由民主党加入了联合政府。所以他们也不再是第二大反对党了，也就没有必要设立影子内阁了。

有意思的是，下议院大厅布置上，也体现出议会里敌对式的反对党和执政党的关系。大厅中间，有一个较高的座位，类似于皇帝的宝座，属于议长（The Speaker），他是由议员投票选出的主持会议秩序的人，他的党派属性也被抹去，不再属于任何一个政党。他的下面有三个戴法官假发的书记员，也坐在中间。在书记员右手边的整片区域，是政府及其党派的MP的位置，所有的反对党成员都坐在书记员左手边的位置，也就是和政府成员刚好面对面。他们的中间隔着一张巨大的长方形桌子，摆设话筒等设备。这样的氛围，很适合面对面的唇枪舌剑。

发言述职的政府官员，和准备好弹药要重点开炮的反对党议员（通常是反对党的核心人物），都坐在靠这张长方形桌子两边的第一排座椅，方便对答。这些人也因之有了一个名称，叫Front Bencher，也就是“坐在第一排的人”。相对应的，坐在后排的，就叫Back Bencher了。他们通常是一些连续多次当选，却不怎么出风头的议员，但议长往往却从这些Back Bencher里选出，因为他们最能保持中立。

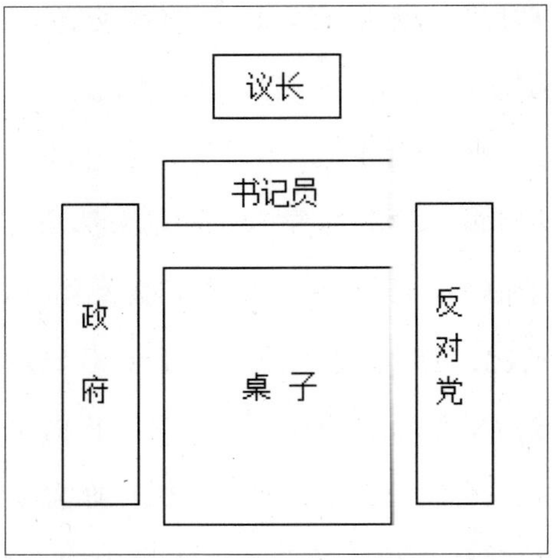

●下议院结构图。

在每个议会工作日，上至首相，下至各个政府部门的大臣都会轮番被要求来被“修理”一番，这种修理叫做Scrutiny，也就是细细检查的意思。通常由他们先作一个报告，然后议员们就会开始发问，反对党的大多挑刺，同一个党派的有时也会发问。被问责者需要有强大的挡箭牌和反击力，才不会处于下风。也有一些大臣承认每次“上刑场”之前都会紧张，甚至引起胃肠不适等生理现象。

首相的问答时间（英语简称为PMQ）一般安排在每周三的中午12点。时长为30分钟。这是自布莱尔当选首相后改的新规定。之前是丘吉尔设定的每周二和每周四下午各15分钟时间。而事实上，首相问答这个传统自19世纪就已开始一直运行至今。

想要对首相提问的议员，无论是本党或者反对党的，都可以提前向议长提交问题，经过随机筛选排列顺序。这些在列表上的问题，要和现场随机提问的问题交替进行。这个过程由议长控制。一般来说，第一个问题是列表上的问题，第二个问题是由最大反对党的领袖现场发问，第三个问题又是列表问题，第四个问题是第二大反对党领袖发问。最大反对党领袖可以提六个问题，第二大反对党领袖可以提两个问题。另外至少还要有一个小党的领袖可以提一个问题。

这短短的半个小时，往往硝烟弥漫，冷箭横飞。由于现场提问的问题，是首相不能事先知道的，所以首相需要有真本事才能够全身而退，甚至夺回主动权展开还击。这需要平时的苦功，首相一般有专门的智囊团扮演反对党领袖，模拟他们可能提出的问题，进行应答练习。

回答一般需要简短有力，讲得太长，议长会打断你。而且要有理有据，筑起防线之后开展反攻。在议会里靠的就是好口才和应变能力。布朗和卡梅伦的口才都不错，这都是千锤百炼的结果。

然而，听起来这么腥风血雨的问答过程，其实在现场是非常礼貌的。政府官员称呼他的问询者也有讲究，如果是来自本党的，他就说My Honorable Friend（我尊贵的朋友），如果是反对党的，他就说This Honorable Gentleman（这位尊贵的绅士），只是往往后面带的是凶猛的攻击，使这些礼貌的称呼听起来似乎有点伪善。

遇有一些突发事件，或者领导人的个人事件，这个首相问答时间也会暂停。最近的一次暂停，说来还颇有意思。那是2009年2月25日，经当时的首相布朗提议，为卡梅伦患有先天疾病而去世的6岁幼子伊万暂停问答。布朗的这一提议可谓一举两得，既体现了人情味，又逃过了一次被攻击的场合。

至于平时的大臣问答，议员们有权选择任一个议题参与问责，但他们的问题一般要在两周前提交给议会办公室，由办公室通过抽签进行排序，供大臣们略做准备。但议长也经常允许即席发挥，想发言的议员在前一个人发言完毕后，就抢着站立起身，引发议长的注意，经议长点名后就可发言。问责进行得很连贯，一个接一个议题，往往前一位刚谈完社会福利，后一位就开始谈阿富汗战争了。感兴趣的议员就留下来继续，不感兴趣的就回他们办公室了。

有趣的是，如果所有议员都来开会的话，会场是坐不下的——只有437个座位，还有200多人得在旁边站着。这想想都有点滑稽：人民代表大会，代表连个椅子都没有？这是前任首相温斯顿·丘吉尔的主意。他想把议会的气氛制造得紧密热烈点。但事实上，这种场面只有在首相问答时出现。一般平时的大臣问答，可能连1/3的板凳都坐不满。

我在现场看了一次前任外交大臣大卫·米利邦德的问答。长相俊朗的他，说起话来竟然有点急促，甚至结巴。可能因为这点修炼不过关，作为工党新任领袖大热门的他后来居然输给了他的亲生弟弟埃德·米利邦德。帮布朗撰写演讲稿出身的埃德，作为最大反对党领袖来和卡梅伦对决，应该有好戏看了吧。

议员的发票

在英国，如果谈及政治腐败，人们无不把矛头指向下院议员。在这个习惯分权和监督的国度，他们的权力实在太大了。最成为焦点的，便是议员的花费开支。

2010年5月17日，是新一届下议院的议员们到威斯敏斯特上班的第一天。无论新老议员都要像新员工一样接受入职培训。其中有一项内容他们肯定是要竖起耳朵听的，那就是议会将采用新的计算机系统来规范议员的费用报销。近两年来的议员费用丑闻已经使百余名议员接受调查，其中十来名因之下台，并在英国社会引起公愤。

议员是拿工资的。每年他们的正规年收入是64760英镑，接近英国社会人均年收入（24000镑）的3倍，不过和金融城的白领们比起来也不值一晒。除此之外，他们每年还能报销13.5万英镑左右的各种费用，包括雇佣3名全职和1名兼职助手的工资、交通费、在伦敦办公的租房费用、装修费用、文具、部分生活费等。因此，650名议员每年一共要耗费纳税人8000多万英镑。自2000年起，在《信息自由法案》的要求下，这些费用报销的具体项目需要向公众披露，并且越来越透明化，具体到每项支出的内容。这样一来，富于窥视和监督精神的公众就开始乐此不疲地检查议员们的发票，发现其中的猫腻便义愤填膺。议员们的费用成了社会的众矢之的。

在信息未公开之前，这些费用成为议员们法定限额内可能的腐败范围。不是说可以雇佣3名全职员工吗？人之常情，我太太是我最好的事业帮手，而且她刚好在家待业呢，就雇佣她吧。我儿子或女儿大学毕业正找不到工作呢，先帮帮老爸老妈吧。这样就把3个名额用满了，他们能干多少活是另一回事。还有的是和秘书日久生情而结婚，这样既保证家庭利益又保证工作效率。要知道，助手工资是议员费用的大头，每年可以最多上报10.2万英镑。这笔钱就肥水不流外人田了。

有一些国家，比如美国和德国，规定议员不能雇佣家庭成员或者亲戚。但是英国议会却没有这个规定，只能靠道德约束了。2008年，保守党议员德雷克·康威（Derek Conway）雇了他两名儿子做“研究员”，一个付了4万镑年薪，一个付了3.3万镑。结果拿4万年薪的儿子过于炫耀，办了一个Party邀请了800名朋友，被英国小报捅了出来。保守党执行纪律的官员调查发现康威的两名宝贝儿子没有做过什么实质性工作，勒令康威停止参加议会10天，并偿还1.3万镑给议会，而且他也因之没有在接下来的大选谋求连任。这件事令公众对这种“裙带雇佣”深恶痛绝。布朗在下台前为了赢得民意，提出对议会的改革中加上一项“雇佣家庭成员不得超过一名”的规定，但目前还没有通过实施。

租房和装修也是一项大费用。2010年大选一过，伦敦报纸的地产版马上开出专版向各地议员推荐靠近议会的豪宅。一般租房费用每年都可能达到数万镑。这里也免不了有人从中玩猫腻。有一对保守党议员夫妇被发现他们在几年里花了16.5万镑租房子，而这房子的产权人正是他们自己。装修和家具费用是规定了上限的，比如装修一个新厨房可以花1万镑，一张床最多是1000镑，一个冰箱最多是550镑，议长们的待遇相对高一点。上院议长德里·埃尔文（Derry Irvine）被报纸披露了他在威斯敏斯特的住所（议长们不用另租房子，有专门的住所）贴的壁纸竟然达到300镑一卷，是市价的10倍。不过议长自信地说：“我用的不是普通的那种几年就卷边的壁纸，这些事都是惠及后人的，以后住这房子的人都得感谢我。”

其他鸡毛蒜皮的报销也容易引起注目。比如某名议员从99P店买了一把扫把也拿来报销，遭到了大家的笑话。这99P店一般是印度人开的廉价超市，里面无论任何产品都是99便士，类似中国街头的2元义乌小商品店。前任首相托尼·布莱尔报销了116镑的电视税也让公众不爽，因为在英国看电视是要交税的，而只有75岁以上的老人才可以豁免。布莱尔的报销使他享受了老人待遇，引起了国家退休者协会的不满。

2010年因为费用报销问题而下台的最高官员，是在大选结束后组建的新政府中担任财政第一副大臣的大卫·罗斯（David Laws）。他刚上任两周，便被《每日电讯报》披露在他之前担任议员的5年间，他长期住在其同性恋伴侣的家中，却不含糊地向议会报销了4万英镑的租房费用。自2006年起，议会已经规定议员不能租住在自己的伴侣家中。而在此次报道中，罗斯的同性恋身份也第一次被曝光。

这个事在英国引起广泛讨论，究竟怎样界定亲属，怎样保护公众人物的隐私。尤其大卫·罗斯是一位出色的经济学者，是自由民主党的精英，在联合政府中担任保守党人财政大臣乔治·奥斯本的副手，准备和他一起带领帝国巨轮涉过金融危机险滩的。现在因为这样的丑闻下台，一些公民担心失去这样的人才，对国家的损失，恐怕远超过他多报销的那几万英镑。

然而法不容情。颇有自知之明的大卫·罗斯公开在还没站熟的唐宁街发表了辞职演讲，由电视直播。他感谢了卡梅伦、克莱格和奥斯本，表示自己有愧于人民的信任，去意已决。

媒体也鼓动全民参与来查账“抓虫”，议员们的费用账目全部展示在互联网上。哪个议员报销最多，甚至报销单据最多都被统计排列。伦敦政治经济学院（LSE）在2004年用每个议员的报销费用除以他同年的投票数，最后算出议员乔治·加洛威（George Galloway）是最昂贵的议员，他每投一次票的背后是1491镑的花费。

公众的好奇心和当家作主的心理也得到极大释放，他们可以把报表中发现的不合理之处发给媒体曝光。比如某名议员，为什么不坐最环保的火车，花了几千镑去租车。前首相布朗为了让选民放心，把所有的发票都扫描上网，只隐去一些机密代码，其他信息全

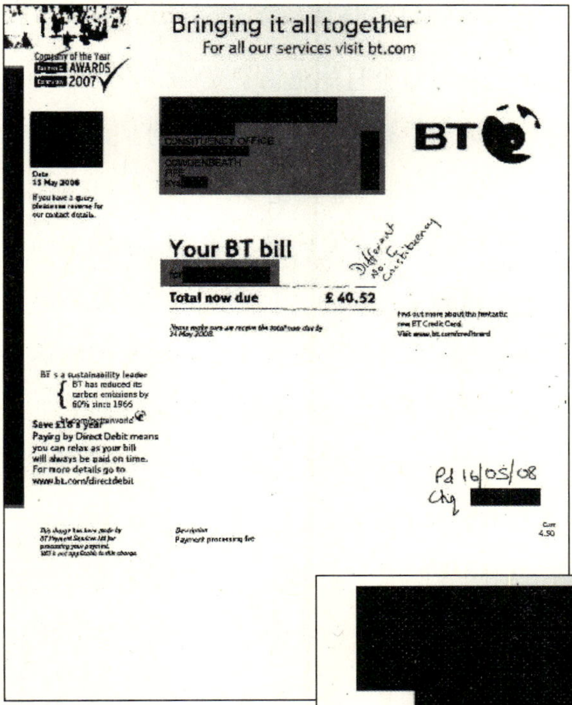
Bringing it all together
For all our services visit bt.com

Company of the Year AWARDS 2007

[redacted]

Date
15 May 2008

If you have a query please see reverse for our contact details.

[redacted]
CONSTITUENCY OFFICE
[redacted]
COWDENBEATH
FIFE
KY5[redacted]

BT

Your BT bill
for [redacted]

Different No. 6 Constituency

Total now due £ 40.52

Find out more about the fantastic new BT Credit Card.
Visit www.bt.com/creditcard

BT is a sustainability leader
BT has reduced its carbon emissions by 60% since 1966
bt.com/betterworld

Save £18 a year
Paying by Direct Debit means you can relax as your bill will always be paid on time.
For more details go to www.bt.com/directdebit

Pd 16/05/08
Chq [redacted]

Description
Payment processing fee

Cost
4.50

●布朗的电话账单。

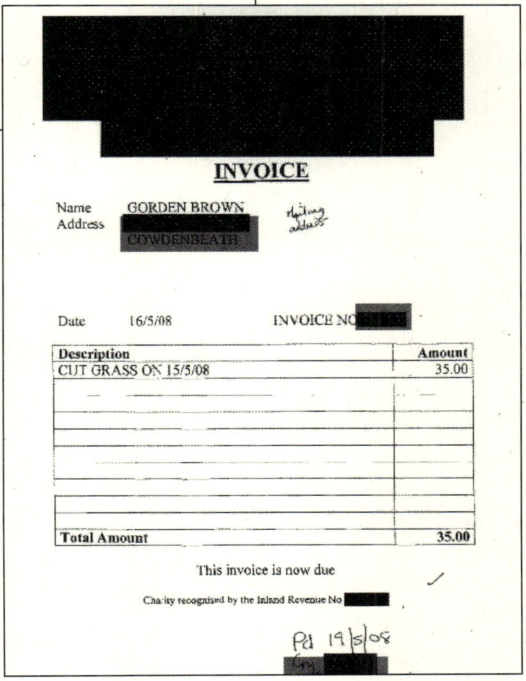
[redacted]

INVOICE

Name GORDEN BROWN
Address [redacted]
COWDENBEATH

Date 16/5/08 INVOICE NO[redacted]

Description	Amount
CUT GRASS ON 15/5/08	35.00
Total Amount	35.00

This invoice is now due

Charity recognised by the Inland Revenue No [redacted]

Pd 19/5/08
Chq [redacted]

●布朗的割草发票。

部交给《卫报》网站发表。公众可以看到他家在2008年5月15日付给割草工人35镑清洁草坪，他家那个月的电话费是40.52镑……

对这个如火如荼的查账运动，有人提议别耗费精力了，把议员工资提高到10万镑一年，其他费用自理就完了。不过反对者认为他们的工资已经够高了，一刀切提高不见得是好事，某些清廉的议员也就无法显示出自己的品格来了。

对于今年入职的新议员们，这项报账工作不比他们投票轻松，个个都得小心对待，弄不好就丢了自己的“饭票”。

政治游说：议员的考验

除了费用报销之外，议员还面临着外部的诱惑。比如一直盘旋在威斯敏斯特周围的大批政治游说公司及其代表的利益团体。和世界上的大多数地方一样，金钱无时无刻不在寻找着渗透权力，或者和权力合谋的机会。

政治游说这种行为对中国读者来说可能会有点陌生。它的英文名称是Lobby，和“酒店大堂”同一个单词。它们之间的渊源可以上溯到19世纪初期，每当议会开始前，议员们聚集在威斯敏斯特大堂时，各种民间组织、利益团体都会抓住这个机会向议员们兜售他们的政治意见，以影响议员们的投票决定。于是Lobby这个词在这里有了交集。

今天政治游说已经成为英国民主中的一个重要组成部分。虽然提起它总让人联想到丑闻、贿赂，但其实它也是民主宪法里规定的一种权利。任何选民或者组织都有权去接触议员，争取传递自己的意见，促使议员在立法过程中也考虑其利益。议员们还根据自己感兴趣的议题在议会内部组成兴趣小组，在网上公布，供对具体某议题有看法的选民接触他们。“中国”便是其中的一个兴趣小组，此外还有“足球”、“红酒”等。

具体到实践中，每个选民都可以写信给他们的地方议员，提出自己的要求和主张。不过这样的游说一般人微言轻，所以大型的组织或者公司，比如能源工业、交通集团、环保团体都会用专业的方式来操作政治游说。一种是设立专门的雇员来操作此事，另一种则是外包给游说公司，这些公司通常冠名以公关公司、咨询公司、研究所等。久而久之，在英国这成了一个年产值20亿英镑的产业，从业人员达到2万人左右。

显然，专业化的政治游说由于投入了大量的资源，使腐败及政治交易成为伴随而来的现象。1994年，当时伦敦最著名的百货商店哈罗德的老板法耶德，也是现在富勒姆足球俱乐部的老板，就通过游说公司向数名保守党议员行贿，以使他们在议会提出有利于其商业利益的问题。

有读者会问，议员在议会问一个问题有那么重要吗？需要用钱来交换？原来英国议员的一大重要职责就是监督政府，具体化到向政府提出各种问题。威斯敏斯特除了冬夏假期，几乎每天都是这种议员和内阁之间的问答活动，连首相都要每周三来过堂提审一次，其他内阁大臣一般每四周一次。但议员有650人之多，大家都有问题要问，怎么办呢？首先是限制议员的问题数量，每名议员最多只能同时提出10个问题，并至少在内阁成员登台回答之前的10天提出，以让他们可以有准备时间。其次，所有议员的问题，得摆到一个桌子上随机抽签并排序，具体安排进每天的议程里。每天的问答时间，大概能容纳最多30个问题。所以议员的问题其实是一种政治资源。它对内阁的问责可能直接导向新的法规的设立和颁布。利益集团都想渗透影响这个过程。

1994年这个著名的“金钱换问题”丑闻震动了英国政坛。社会普遍认为这只是这一行业黑幕的冰山一角。问题的重点在议员身上。苍蝇不叮无缝的蛋，不能只怪苍蝇。英国的议员可以兼职，一些议员仍然是执业律师，一些则在政策咨询公司挂名，每月能获得一些报酬。这个丑闻发生后，议会除了对相关议员进行处罚之外，还在1996年制定了法规对政治游说加以约束，规定议员必须申明他们所有的外部利益关系，他们的其他收入来源，他们接受他人礼物达到25英镑以上就必须公开。

但事情没有那么简单，渗透和反渗透总是道高一尺，魔高一丈。政治游说公司即便不直接用金钱买问题，也有其他的办法。比如他们雇佣卸任的内阁高官或议员，利用他们的老关系向在任议员公关，这俗称为“旋转门现象”。又比如他们接近议员的助手或者秘书，从这些不起眼的小人物入手。所以需要更严厉的规定来规范这个行业。

在这方面，美国人走得比英国人快。1995年他们便颁发了《政治游说法案》，后来又爆发了几起丑闻，促使他们在2007年颁发《诚实领导和开放政府法案》，实施了更严格的规定。比如为规避“旋转门现象”，他们规定内阁成员和议员在卸任两年里不得到政治游说公司任职，政治游说公司每年必须公布他们接触了哪些议员，进行了哪些会谈和活动。

这两项规定，在英国还没能实行。对于“旋转门现象”，目前英国是规定一年的禁止期。卡梅伦曾表示想延长到两年。而对政治游说公司的透明度，布朗政府否决了强制公开其信息的提议，提出让他们行业自律。这也导致了社会的批评。

卡梅伦在2010年大选前警告说，政治游说可能是议员费用报销后下一个政治丑闻发生地带，不过就在他当选10天后，一位资深的政治说客进入了他的政府任职，乔纳森·希尔这位从业10多年的政治说客出任教育部助理秘书长。这让报纸对卡梅伦言犹在耳的清除政治游说腐败的主张打了个问号。政治游说这种隐秘的高度技术化的政治活动，真是剪不断，理还乱。

大选来了

英国大选就像几年来一次的电脑程序重启，按下那个按钮的，只能是首相一个人。

这个按钮按下来，便意味着在一个月内，整个国家的执政阶层面临着全部重新洗牌的可能。原来在位子上的每个人都成为与其他候选人公平竞争的角力者。这样的事情一般四到五年发生一次，赋予人民重组这个国家的机会。

大选是没有法定间隔时间的。虽然根据1911年法令，任何一届政府的任期不得超过5年，但是中间有非常多的因素可以使大选提前。比如首相宣布提前进行大选，或者议会通过对政府的不信任票，要求解散政府重新举行大选等等。

最通常的情况，是首相在任期的第四年左右，他就应该开始选择公布大选日期的时机。这实际上是与反对党进行的一场竞选战。首相一般选择自己支持率最高涨的时候宣布在一个月后举行大选，这对他来说胜算最大。

例如，“铁娘子”撒切尔夫人在1979年上台后，支持率一直低迷不振，民意调查显示自由民主党影响力日益扩大。但随着英阿马岛之战和经济的好转，她的支持率在1982年慢慢恢复。她抓住时机在1983年6月举行大选，这时她仅在位4年。这是一个好时机，果然她顺利获得连任。

如果首相对自己的支持率不是很有把握，一般就等到最后一刻，也就是临近法定的5年期限前才宣布大选，这是在等待天上掉下来什么转机。选择这么做的，前有撒切尔夫人的接班人约翰·梅杰，后有戈登·布朗。只不过不同的是，梅杰在1992年险胜连任，而布朗在2010年则黯然下台。布朗等到最后没有什么转机，却等来一个自己言多必失的“偏执门”事件，使自己的竞选努

●东芬奇利选区的选民进行投票。

力付诸东流。这是后话。

宣布大选的日期与真正大选日期之间的间隔选择，也有学问。一般来说，是留一个月的时间，像今年的布朗，在4月6日宣布在5月6日全民投票。短的有像撒切尔夫人时期的21天。时间过长，有时会夜长梦多，形势不好控制。时间过短，则可能竞选不充分，不能广泛动员选民。

在这近一个月的时间里，最先发生的事情，是首相向女王报告之后，取得授权宣布解散议会。议员们统统下岗，回到各自的选区去竞选连任，有的因为无心恋战或者丑闻缠身则干脆宣布退休或者退出下届大选。然后，之前暗中较劲的竞选拉票等行动现在全都摆上桌面来了，大张旗鼓大鸣大放。

2010年这届大选的历史性创举，是模仿美国大选举行三次电视辩论。由三个最大党派——工党、保守党和自民党的领导人在台上自4月15日起每隔一周辩论一次。每次结束之后便立即展开民意调查，观察辩论对选民支持率的影响。最后一次辩论离投票日仅有一周之隔。现场直播的电视辩论第一次使各党的候选人直接在选民面前表现，其带来的影响力不可小视。

投票日的确定其实煞费心思。因为要留这么一个月的竞选时间，这中间不能有大的假期如复活节、银行假日等影响竞选，所以每年只有4月到6月初、9月到10月初这两个时间段可以选择。自1979年以来的30多年间，都是选择在4月至6月间进行投票。

从惯例来说，要照顾到有宗教信仰的选民在周末要做礼拜，投票日自1935年来就一直安排在周四工作日。虽然这会影响投票率，但也是没有办法之举。有一些地方选举被作为试验品，安排在周末进行投票，结果发现投票率没有提高反而下降了。

为了提高投票率，政府会把几项投票结合到一起。比如2010年，大选就和地方议员选举安排在同一天举行。这样人们就可以在同一天把所有要投的票投掉，节省人力物力时间。这和美国人的做法类似。2008年11月我在旧金山观测美国大选时就发现，加利福尼亚州就把多项需要公民投票的议案放在大选日一起投，结果投票表格厚厚的一大叠，让一些文化程度不高的选民叫苦不迭。英国人在这方面没有那么极致，也仅仅是要选民多勾几个候选人的名字而已。

那么，什么样的人有资格进行投票呢？

英国的选举法律显然还活在过去“日不落帝国”的荣耀中，并不愿加以变更：只要你是年满18岁的英国公民，包括居住在英国的任何英联邦国家和爱尔兰共和国的公民都有选举权。

一般的选民根据自己的常住地址（需居住满3个月以上）就近登记，然后会收到选举委员会（Electoral Commission）发来的确认函。选民也可以上网查询自己的登记情况。学校的学生既可以选择在学校登记投票，也可以选择家庭所在地登记投票。所以学校的票仓经常被视为不稳定的来源之一。其他特殊人员包括军人、海外英国人等，他们可以通过邮政的方式登记及投票。

事实上，这些选民权利（Suffrage）是通过近200年的奋斗争取来的。最著名的英国选举法令是1832年选举法。它历史性地给平民竞选议员的机会，并降低选民的财产资格限制，大大增加了选民数量。加上随后1867年、1884年两次选举法修改，选举人口逐渐从低于10%增加到60%的男性公民，而女性一直被排除在外。

妇女的选举权则要到1918年法令才得以实现。当时彻底取消了选民的财产资格限制，并规定男子21岁、妇女30岁可以投票，还不是一视同仁。但这两项举措使英国的选举人口一举从770万上升到2140万，妇女占了四成比例。10年之后的1928年，妇女的选举年龄才从30岁降低到与男子相同的21岁。

1969年的选举法又把整体的投票年龄从21岁降到18岁，并一直沿用至今。而在2006年，参加竞选的年龄也同样从21岁降到18岁。到了今天，政府考虑的问题是如果增加投票的选民总数，如何吸引更多的年轻选民。

大选的号角一吹响，接下来，便是万马奔腾的竞选活动了。

谁可以是议员候选人？

1971年，肖恩·拜利（Shaun Bailey）出生于伦敦西部一个牙买加黑人移民单亲家庭。直到13岁，他才知道自己的生父是谁，同时却也迎来了继父进入自己的家庭。他从小被送入军校，19岁时开始担任训导官，一做就是10年。

离开军校，他进入伦敦的南岸大学就读计算机工程学位。学校一般，学习成绩也一般。平时他就到温布利大球场和伦敦西区的著名娱乐场所Trocadero担任保安贴补生活。毕业之后，由于痛感他从小的玩伴大多已经沦为街头混混和吸毒者，他成立了一个组织叫“我这一代”（My Generation），专门帮助以黑人为主的青少年摆脱失业、毒品和犯罪等问题。

2007年3月，他被保守党推选为伦敦汉姆史密斯选区（Hammersmith）的国会议员候选人。这个选区是一个新划分出来的选区，属于保守党和工党争夺白热化的选区。

肖恩·拜利信心满满地想成为英国的奥巴马。可惜他的竞选活动在投票日开始前20天遭到一个重大打击。“我这一代”组织被

●伦敦汉姆史密斯选区保守党候选人肖恩·拜利。

报纸披露有一笔将近16000英镑的慈善款项在账面上有出入。肖恩·拜利无法解释其去向。虽然这个组织没有被暂停资格，但他的形象无疑受到损害。3周后的投票结果显示，他在选区排名第二，少于工党对手3500多票而落败。

一个草莽英雄的故事戛然而止，肖恩·拜利只能期待下一个5年了。但这个故事的启示是，英国社会至少提供了平民百姓进入政治的管道，尽管极其艰难。

英国对成为议员候选人的资格要求，和选民基本接近。英国公民、英联邦公民和爱尔兰共和国公民都可以竞选。年龄和选民要求一样为18岁（2006年刚从21岁降到18岁）。而且不像美国及其他一些国家的通常要求，候选人不一定要居住在他竞选的选区里面。从理论上来说，经过各党派遴选出来的候选人，有资格在全国任意一个选区竞选。但一般候选人都会选择与自己有些联系的选区，或者是从小出生，或者是工作过的选区，因为那样他会有选民基础。当然，去一个与自己毫无利益关联的选区有时也是好事，候选人可以塑造一个相对公正中立的形象。

在资格要求里面，最引人注目的一条，便是国家公务员、警察、军队等人员不得参选议员。这是因为行政权和立法权是分开的，一个人不能在这两大领域同时兼任。这些人员如果要参加议员竞选必须先辞职。而地方政府雇员和国有企业雇员则可以参选。

和选民的限制一样，贵族成员同样不能作为议员候选人，除非他根据1963年法令宣布放弃自己的贵族头衔。

如果想要参选，需向所属的各党派报名，当然，也有无党派的独立候选人。报名之后，各党派内部的选举委员会会遴选出一个符合资格的候选人初步名单。这些候选人同时会根据各选区的空缺情况报出自己的志愿。某一党占明显优势的选区，也称为“安全席位”（Safe Seat），党内报名的候选人会多达100名以上。而这些选区一般也会早早确定候选人，以让他有更多的封间展开竞选。

而在某一党明显占劣势的选区，则是新人锻炼身手的战场。通常认为一个进入政坛的新人，要在一些优势不足的选区先经历一两次失败积累经验，才能够最后成为合格的议员。现任首相卡梅伦也曾在1997年大选时竞选失败，到2001年才成功当选。这些选区有时在大选前数月才根据形势发展最终确定候选人。

候选人的具体确定方法，各党之间也有所不同。工党倾向于由地方党组织选择，再由中央委员会最后确认。中央委员会拥有否决权，但通常不行使。而保守党则倾向于由中央委员会选择和分配。这背后其实代表了两种不同的制度理念和逻辑体系。由地方选上来的人，和地方联系强，更容易鼓动当地选民，但党性未必强，在议会中有时甚至会投本政党的反对票。由中央选出来的人，凝聚力强，党性强，但可能和地方结合不紧密。目前的潮流是这种遴选权力逐渐从中央下放到地方，并逐步实施地方党员一人一票（One Man One Vote，简称OMOV）遴选候选人的制度。

以保守党为例，中央选举委员会为每个选区选出8～9名候选人参加面试，再遴选出2～3名最终候选人向该选区内的党员发表演说，并由党员公开投票决定最后的人选。

尽管候选人的选择规则是面向公众平等开放的，但阶级、收入、年龄、性别、种族等社会因素都无不影响着候选人的成分构成。从传统来说，保守党是最重视阶级和出身的政党。很多候选人都系出名门，接受伊顿公学及牛津剑桥教育，或者是商业成功的社会中上阶级。而工党则有一批从平民中来的候选人，特别是矿工等人群。但现在，两党的阶级属性都在逐渐往中产阶级靠拢。教师、商人、律师、记者包括工会领袖是构成候选人队伍的主力成分。而普通草根阶层中涌现的候选人，像肖恩·拜利这样的，属于凤毛麟角。

种族同样是一个影响因素。像肖恩·拜利这样的少数族裔候选人，最终成功者并不多。2010年一共只有27名少数族裔议员，占650名议员的4%。不过比起2005年大选的15名，这已经是一个巨大的进步。而少数族裔的人口总数在英国达到8%。他们是典型的低代表人群。而其中又大部分是印度巴基斯坦血统，华人及其他亚裔人士更加屈指可数。

另一个低代表人群是妇女。占英国人口半边天的女性，在新一届议会里占143席，约为总数的22%。女性议员比例能达到20%左右，还应该归功于1997年大选的飞跃。那一年女性议员数目从原来的60名一跃达到120名。之后几届大选均有小幅增长。但即便如此，妇女团体仍然一直抗议女性议员在议会中比例过低。

而既是少数族裔又是女性的议员，更是凤毛麟角。2010年由于保守党的年轻化和多元化政策，40%的当选议员是新兵入营。他们之中，包括了3名穆斯林女性议员，这是破天荒的纪录。而89名穆斯林候选人出现在保守党名单里，这也是前所未有的。

家庭联系有时也有一些帮助。2010年当选的议员，便有10位左右是前议员的家庭成员，包括父子、兄弟和夫妻等。但对于总数为650人的议员来说，这个比例不算太高。

通常来说，议员的平均年龄在50岁左右。但最年长的议员是80岁的保守党议员彼得·塔普塞尔（Peter Tapsell），最年轻的则是工党议员帕米拉·纳什，年仅25岁，她也被称为“议会宝贝”（Baby of the House）。这么年轻的议员，能得到选民的信任相当不容易。而在议会召开的时候，“议会宝贝”的时尚装扮也经常为会场增添一丝亮色。你甚至会分不清哪些是真正的议员，哪些是性感的议员女秘书们。

选区风云：
如何把英国划成650个豆腐块

我住在伦敦两个大区的交界，往西过一条马路，便是巴内特（Barnet）大区，而我们所在的大区叫做哈令吉（Haringey）。伦敦的区挺大的，和北京、上海的区差不多，大伦敦共有16个行政区。

说起选区，朋友们想当然应该是按照行政区域来划分的。比如我们每个省、每个市选出人大代表一样。但其实不然，这些行政区都是从历史上沿革而来，面积大小不一，人口也不一，难以满足严格实行代表制的选区规划需要。办事认真规矩的英国人便想出一套办法来设置选区，并且不断加以调整变化。

2010年的这届大选，全国有650个选区。也就是说，全国被精密地分成了650块豆腐块。其实650这个数字也不是固定的，而是每届略有波动变化，因为每届大选，有一些选区都会被重新调整或者合并。650个选区就是650个议席，意味着新一届议会将产生650名议员，而这也意味着一个新政府要获得议会过半数的支持，它就得获得326个席位。

英国人设置选区的办法，是按照每个选区平均约7万选民这个数目来衡量的。这样的分法自然打破了行政区划，在大的行政区，比如我家附近的伦敦巴内特大区，便划分出亨登（Hendon）、高德斯格林与芬奇利（Golders Green & Finchley）以及奇平巴内特（Chipping Barnet）3个选区。不过在选区的划分上，会照顾更小一级的行政区划，基本上不会打破区以下一级——街区（Ward，类似中国的地方街道）。这样使同一街区的人们都划入同一个选区，便以开展竞选和相互交流。

7万选民这个数目，只是一个大多数选区接近的平均数，还有不少的特例。比如位于东南英格兰的怀特岛，人口达到10万以上，却因为它是岛屿，很难把它的一部分选民划分出来，与大陆上的其他选民结合成一个选区，所以它是选民数目最多的选区。而人口稀少的，像地广人稀的苏格兰高地，能凑足2万选民就已经是一个面积很大的选区，这些也作为特例被允许。

更不容易的是，除了选民数，还得考虑一些调节因素。因为英国是由英格兰、威尔士、苏格兰和北爱尔兰四部分组成。英格兰人口稠密，但不能把名额都占了，不然其他三个地区就不同意了，特别是一直闹独立的苏格兰和北爱地区，如果他们在议会中占的席位太少，他们会觉得自己无足轻重，更加心生去意。这就得靠人为调节，基本上，苏格兰的席位不低于58个（在本届议会中是59个），威尔士不低于35个（本届是40个），北爱尔兰不低于18个（本届是18个）。

这么一个庞大的工程，是由一个叫做边界委员会（Boundary

Commission）的机构来运作的。英格兰、苏格兰、威尔士和北爱尔兰都各有一个委员会。它们跟踪每个选区的变化动态，向议会提出下一届需要改革的选区的草案，由议会批准通过。议会只有权决定是否通过这一草案，而没有修改草案的权力。确定选区这么专业的事，还是得由专业的委员会来做。这也杜绝了议员为了自身利益修改选区的可能。

为什么要改变选区的划分？因为每四五年之间进行的一次大选，每个选区的选民数都会发生变化。一来是有自然规律，比如生老病死，以及新达到18岁法定投票年龄的选民带来的数目变化。二来因为英国没有户口这一说，工作、迁徙都是随意的。选民只要在登记投票时在其登记地区住满3个月以上就算合格。所以随着城乡迁徙、经济发展等，不同选区之间的选民数目都在变化，这就需要边界委员会适时度势地作出调整。更何况，每届大选并不是所有选区都会改变边界，而是大概10%～20%的选区会产生变动。这样轮下来，几届大选过去，数十年也过去了，那些一直没变的选区早已沧海桑田，也该根据实际情况调整一番了。

这个调整说起来简单，其实也是一件事无巨细的工程。以英格兰边界委员会手头正在处理的几个选区变动为例，在北安普敦选区，经过调查取证后，变更计划在2009年10月27日提交委员会内部讨论。然后在2010年1月19日，委员会内部进行分析和讨论。2010年5月25日，委员会将选区变动计划公布给北安普敦选区选民，听取选民意见。这个公示期为两个月左右，在2010年7月20日，将收集到的意见细加分析，形成最后文本提交议会处理。任何一个选区的变化，至少都得这么四步走。

为什么选区边界的变动这么要紧呢？假如你是一个候选人，在变动之后，你将面对一部分新的选民，你需要去调查他们的情况，需要了解他们所居住地区的问题，需要去给他们开药方解决他们最想解决的问题，这意味着新的竞选工作量和战略部署。而更可怕的是，选区边界变动之后，区内各党派的选民力量对比发生了变化。上一届大选该选区的投票结果变得没有参考价值，需要把新划入地区的投票分布加以重新统计。在一番加减乘除之后，候选人会发现原本一个保守党稳赢的选区可能变成一个需要和工党刺刀见红拼杀的“摇摆选区”。而一些在任的议员会发现他的选区已经面目全非，而转向去竞选他邻近选区的席位了。

以我家附近的高德斯格林与芬奇利选区为例，该选区在过去13年一直是工党地盘。2010年经过调整之后，在大选前保守党就发现，新的力量对比是他们仅落后工党几十票，便把这个选区作为主攻目标之一。要知道，这个选区在20年前一直是保守党元老、“铁娘子”撒切尔夫人的选区，她现在还住在那里呢，赢回这个选区对保守党来说，象征意义重大。2010年大选，保守党果真赢回了这个选区。

美国人在制定选区时，曾经最经典的案例是“杰利蝾螈选区划分法”（Gerrymandering）。1812年，马萨诸塞州州长埃尔布里奇·杰利（Elbridge Gerry）为了使最有利于他的政党的地区凑在一起合成一个选区，把一些地理位置上联系不紧的选区硬划到一起，结果那个选区在地图上看起来像一只张牙舞爪的蝾螈。今天，由于选举制度的规定，美国只需要在每个州选举众议员时进行分区，总统由全民直接公投，参议员由每州选出两名，选区的划分在美国就不是一个重大题材了。

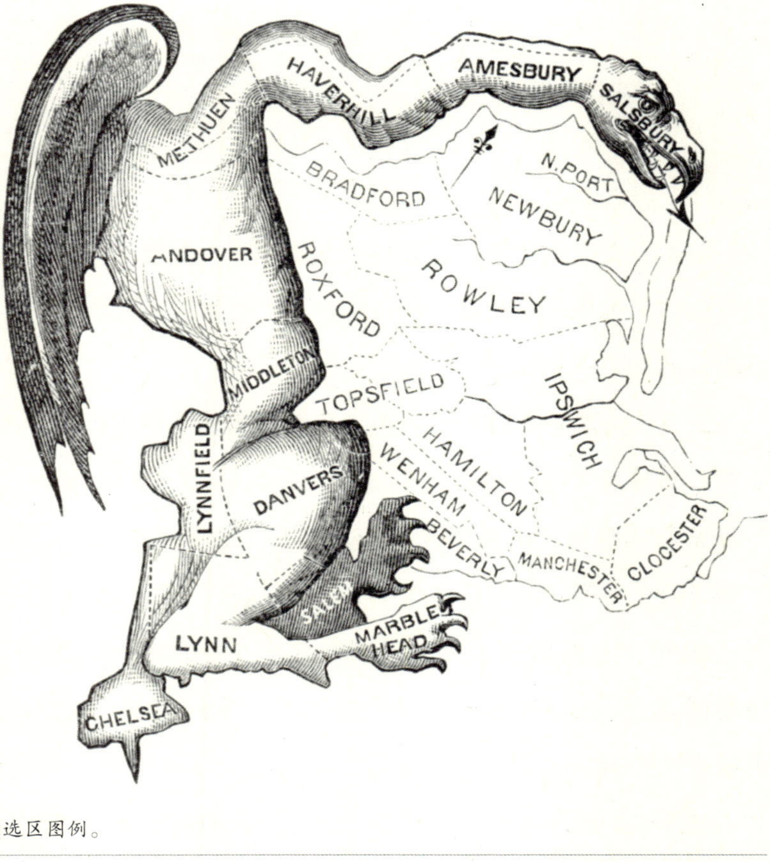

●蝾螈选区图例。

而对于小岛国英国来说，在这样的议会代表制的情况下，要保证公正公平的选区划分方式，还真不容易。严谨的英国人只能继续在这个问题上折磨自己了。

英国式竞选

首相宣布竞选日期，就犹如发令枪一响，赛跑开始了！各路人马就刺刀见红地厮杀起来。在选举体制下，权力的分配很大程度上就由竞选的力度所决定。

对竞选活动不熟悉的朋友，大致的印象应该是彩旗飘飘，集会游行，狂呼口号。从外观看来，确实是这样。但竞选其实是一场更为复杂的“战争”，以至于每个政党都把他们的竞选办公室叫做“战时办公室”（War Room）。

2008年美国大选，我在美国追踪了3个月，见识了美式民主竞选的疯狂。大街小巷到处是奥巴马的头像和“Yes We Can”的海报。奥巴马在弗吉尼亚州李斯堡做的政治集会，大概有4万人参加，排队进场从早上一直持续到下午。而麦凯恩与佩琳在费城附近的梅地亚小镇做的集会也使小镇万人空巷。平时走在华盛顿的街头，经常有人来拉票或者询问你的投票去向。选举更像美国人四年一次的嘉年华会，而且往往要持续一年以上。

相比之下，英国的大选显得安静和绅士得多。各党领袖们很少

●保守党为卡梅伦做的竞选广告。

大张旗鼓地进行政治集会，代之以走进社区或者居民家庭的亲民活动，比如卡梅伦到小学和学生们打乒乓球等，有时他们还带上自己的妻儿宣扬自己家庭和睦，价值观传统可靠。街头的标语也不是很多见。但大广告还是有的，尤其是想夺权的保守党。他们在街头竖了800块带着卡梅伦大头像的广告牌，上面写着："我们不能继续这样下去了。我将削减赤字，而不是国民卫生服务。"

这样正面宣扬自己的广告看起来是有点不太过瘾。随着大选日期的临近，保守党更加祭出狠招。采用了"负面竞选"方式（Negative Campaigning），也就是直接往对手身上泼脏水。他们在街头打出一系列广告。上面是笑容满面的布朗，配上旁白：

“我让贫富差距拉大，投我一票吧。”或者：“我让国家负债翻倍，投我一票吧。”这种讽刺的反话配上布朗的大头像在公共场所展示，给选民以巨大的心理冲击力。

这种“负面竞选”方式臭名昭著，在美国竞选中也经常出现。它是一着险棋，用于攻击在任的对手比较有作用，可以尽数对方过去几年的劣迹。但同时，它也经常引起伦理方面的巨大争议，甚至会使中间选民对刊登广告的党派产生恶心或者坏印象，产生反效果。

最著名的例子便是1997年英国大选前，保守党登出一则广告，把工党领袖布莱尔画成了一个红眼睛的恶魔，配上“新工

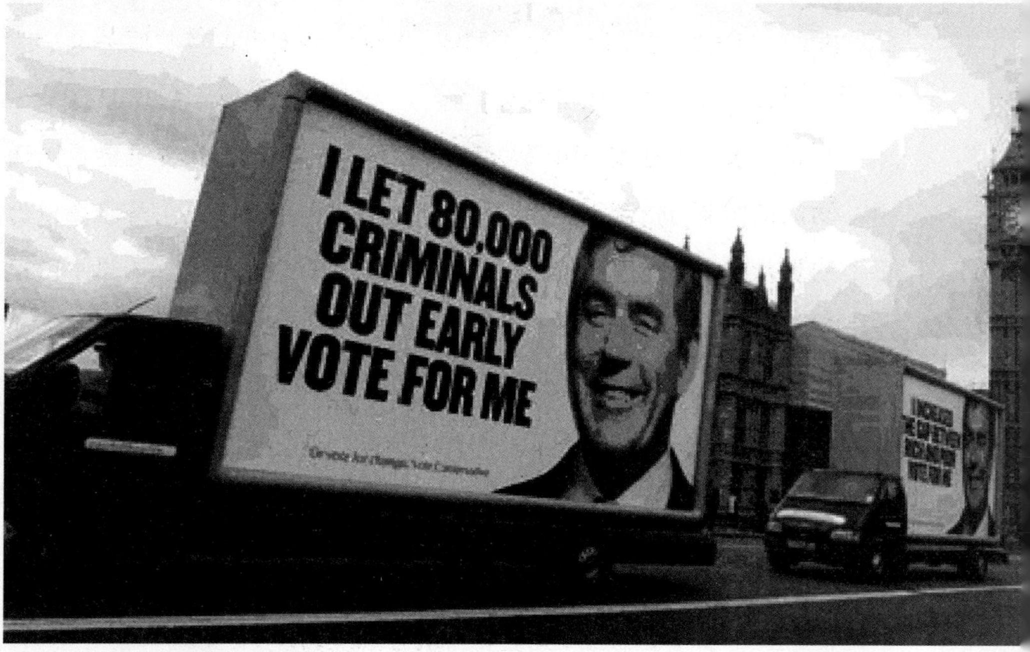

●保守党制作的讽刺布朗的车身广告。

党，新危险”的血红色标语。“新工党”是布莱尔当时为重振工党喊出的口号。这则广告刊登三天后，引起选民抗议，被广告管理机构认为过于惊悚并涉及人身攻击，命令保守党撤下。它的反作用结果是布莱尔以压倒性的优势获得了工党历史上最大的胜利。

这则广告是由萨奇兄弟毛里斯和查尔斯（Maurice & Charles Saatchi）设计的。他们的成名作同样是保守党刊登的一幅负面广告。上面用黑色大字写“工党不灵了”，下面是在失业办公室门口排长龙的人群。这则广告帮助保守党的撒切尔夫人在1979年赢得了大选。兄弟俩也声名大噪。他们创办了Saatchi & Saatchi广告公司。但在1995年的一场公司董事会风波后，兄弟俩退出公司，另起炉灶，成立了M&C Saatchi公司。2010年大选，Saatchi & Saatchi为工党设计广告，而M&C Saatchi则为保守党服务。这两家颇有渊源的公司成了对头。

竞选口号也是一个令人煞费心思的难题。这就需要交给竞选团队的智囊团来解决。在美国大选中，这种“军师”角色被称为Spin Doctor，按照字面翻译，是“编造高手”的意思，就是说军师需要为候选人准备一套天衣无缝的说辞，从竞选口号到他参加辩论时的每一句应答。他们还经常假扮成对手，模拟对手会提出的问题，让候选人进行实战演练。这个角色是非常重要的。卡梅伦就重金聘请了奥巴马竞选团队的军师为他量体裁衣。

既然是奥巴马的竞选团队，口号也想得和奥巴马差不多。因为奥巴马和卡梅伦面临的对手，都是在任上已经很长时间的。奥巴马用一句“Change”（改变）的口号把在位8年的保守党拉下马。卡

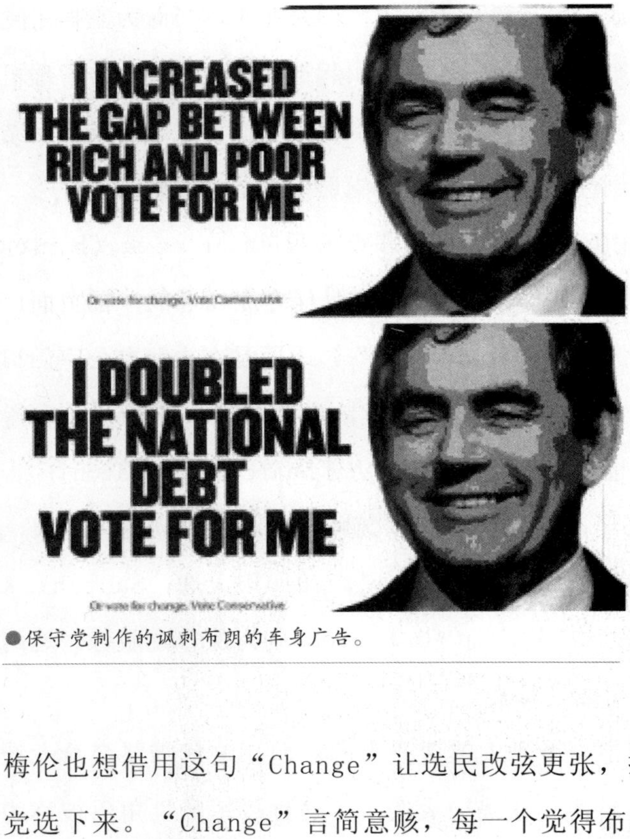

●保守党制作的讽刺布朗的车身广告。

梅伦也想借用这句“Change”让选民改弦更张，把执政13年的工党选下来。“Change”言简意赅，每一个觉得布朗让他们生活过得更糟糕的人都会做一点改变。同时卡梅伦在发表保守党的政治纲领时还提出一句，他是代表“the Great Ignored”（被忽略的大多数），这句话同样有杀伤力。卡梅伦果然成功了。

相比之下，工党的口号就太模糊了。他们的口号是“A future fair for all”（一个对所有人平等的未来）。这句话不够震撼人心，而且在经济危机下，人们要的第一位恐怕更多的是机会，而不是公正。

自民党的口号倒还有可取之处。他们于2005年大选时就提出了“The Real Alternative”的口号。这句话中文的翻译很难传神，大约是“真正的代替者”的意思，但其实它的含义是自民党才是代替保守党和工党的新生力量。他们急切于摆脱“小三”的地位。

在竞选过程中，各大调查机构所做的民意调查也是大选的风向标，它即时反映各政党竞选的成功与否。在2010年大选中，保守党一直以40%左右的支持率在三党之中领跑，对工党的优势在2010年初达到历史最高的16个百分点，但之后又逐步萎缩，一度仅领

●引起巨大争议的保守党竞选广告，用“恶魔之眼”丑化布莱尔。

先两个百分点，最后有惊无险地跑到终点。自民党依靠领袖克莱格在电视辩论中的精彩演出一度升到第二，但最后又滑落回第三。民意调查是各党调整自己对策的依据，也是影响选民信心的重要信号。

大众媒体，包括电视、报刊、网络等，都为竞选活动和民意调查推波助澜。新媒体的兴起正在改变竞选的形态。各政党一般都在大选日公布之后一周内，便提出他们各自的政治纲领。这个纲领会在第一时间从网上发布，各大媒体都会加以讨论。而2010年，英国又历史性地模仿美国，开了3场现场直播的电视辩论，这更加影响到大选的走势。

相比各党派在全国范围内的竞选，各选区中的候选人竞选便有点像原始的刀耕火种了。他们通常雇佣一个竞选经理，组织一批志愿者，挨家挨户去做游说和投票调查，登记在案之后以备投票日追踪之用。相比于美国各州的竞选力度，英国选区中的竞选无论从财力物力人力上的投入都有点小儿科。而这其实是英国人为限制竞选无底洞的花费而进行的一些限制，尤其是在竞选资金上的限制。

大选花费：人均1英镑

即使顺利当选，也要面临烦恼。庆功之后，竞选期间那堆小山般的账单还要一一清理。伦敦里士满选区的保守党议员扎克·金史密斯在2010年7月底碰到的麻烦是，选举委员会正在调查他在竞选经费报销中的作弊问题。指控称金史密斯为了使总竞选费用低于11003英镑的法定限额，将一些费用瞒报少报，最终他的报销金额是10883英镑。

将一个选区的议员候选人在正式竞选期间的费用控制在11003英镑，是为了让大选不成为一项比赛花钱、富豪主导的游戏。即使金史密斯本身是一名百万富翁，他也不能多花一个英镑用于竞选。事实上，这个限额比起2005年大选已经放宽不少，5年之前是7150英镑，再之前是5000英镑左右。

这个费用是自4月6日布朗宣布大选日期确定，到5月6日大选举行这30天正式竞选期间的花费限额。而在之前整一年的造势和宣传，同样有费用上限。一名国会议员候选人只能在这一年里花25000英镑。

而对在全国范围内进行竞选的政党，同样有花费限额。最新的数目是每个选区3万英镑，按各政党参与竞选的选区数目累计。比如在全国所有650个选区都有候选人的三大党——保守党、工党和自民党，他们各自的竞选花费限额就是1950万英镑。时间段是自投票日起前一年之内。

这些花费都必须在大选结束后3～6个月内向选举委员会报告，任何一项超过200英镑的费用都必须具备发票，同时各项竞选费用都要分门别类列清楚。如果竞选费用超过25万英镑，还需要有独立的审计公司出具报告。

有了这些严格的规定，英国大选和动辄糜费数十亿美元的美国大选相比自是小巫见大巫。2005年大选，各政党花费超过4000万英镑，国家公共资金支持的选举行政费用超过7000万英镑，总数是1.12亿英镑，比2001年增长3000万英镑。2010年大选的开支数字还没公布。而2010年大选到目前公布了各政党的花费，共为3115万英镑，比2005还少1000万英镑。

大选花的钱从哪里来呢？国家会提供一些选举的行政费用，比如让各政党免费寄送邮件，免费提供政党集会场地，免费给各政党一些电视广播时段，同时组织工作人员在投票日负责大选各项事宜等。而政党竞选的资金，一小部分来自国家资助，主要部分来自募捐和贷款。

国家向政党提供的资金帮助，主要的一项名为“政策发展资金”，自2001年开始，总额200万英镑，每年三大政党各分到45万英镑左右，其余由各小党派瓜分。另一项特殊资助有个有趣的名字，叫“短钱”（Short Money），它其实是以发出这项提议的议员爱德华·索特（Edward Short）命名的，专门提供给各在野党。工党之前13年连续执政，他们就无缘这笔优厚的资助了。保守党自2001年以来已经从这项资金中获得接近3700万英镑的支持，平均每年约450万英镑。这笔资金是为了鼓励反对党能够大力竞选，打破执政党垄断，在1974年由女王批准的。

即使有国家支持，仍然有2/3左右的资金需要政党自己筹措。靠收党费显然不是一个好办法。即使是第一大党保守党，目前党员数也就25万左右，每年的党费才25英镑一人。所以募捐和贷款便成为最主要的来源。

大党派募捐是不成问题的。各个利益团体都想在这场金元战役中用金钱收买影响力，一朝政党上台后，他们就可以坐地收取回报了。摆在规则制定者面前的，是如何堵住各种来路不明的钱，使民主政治不受污染或裹挟。监督者是由议会设立的中立组织——选举委员会。经过历年的不断完善，各种捐赠猫腻、黑金丑闻逐渐被规则所规避。

2000年通过的《政党、选举和投票法》制定了英国近十年来选举中的金钱规则。它规定：政党总部收到任一笔7500英镑以上的捐款或政党支部收到任一笔1500英镑以上的捐款，必须在当季度向选举委员会汇报。如在正式竞选期间，则需当周汇报。这些捐款都必须来自被允许的捐赠人或公司，名字都必须上报。其中来自海外的捐款是不允许的。这就杜绝了之前香港、塞浦路斯等地经常出现捐款大亨的先例，防止英国政治被外国势力所左右。如果有匿名或来路不明的捐款超过500英镑以上，必须在30天内上报，并限期退还，否则将课以同等金额罚款并启动法律调查。

此外，政党还可以向银行贷款，但贷款也同样必须汇报公布。即使是候选人由某机构承担费用，邀请到海外出访，也被视为是接受了政治捐款，也需要公布。

保守党显然是吸金高手。他们抓住工党政绩不佳的机会，募集了众多资金。2009年他们获得了2700万英镑的捐款，而工党只有1500万。在竞选进入白热化的2010年第一季度，他们获得的捐款是1066万英镑，而工党仅有376万。捐款大部分来自个人捐赠，而不是公司和组织，通常是一些富翁的个人表演。从捐款数目对比，已可知工党在大选中必败。

大选究竟是不是一场挥金如土的金钱游戏？它究竟贵不贵？答案见仁见智。以英国2005年大选的国家花费来看，每名纳税人约为大选贡献1英镑。这样的价格买来相对透明公正的民主，可谓物美价廉。

社交媒体和电视传媒角力的大选

这将是一届“社交媒体大选”（Social Media Election）！在2010年英国大选开始前，不少学者都这么预测。

作为过去5年的互联网奇迹之一，Facebook的注册用户数已经达到5亿，如果按国家人口数排列，它将成为全球第三大国家。其中，光英国就有2600万人使用，占总人口的40%。Facebook就好像一个现成的庞大数据库，各个政党当然要好好使用它来帮助自己的竞选。2008年11月6日，当奥巴马得知自己在美国总统大选中获胜后，他先在自己的Facebook页面上向选民致谢，然后才走到芝加哥的公园集会宣布获胜。Facebook的威力可见一斑。

事实上，真正的大选开始前，Facebook官方也在他们开设的“英国民主”专页上进行了一次模拟大选，结果自民党的克莱格以42%的选票折桂，而卡梅伦和布朗分别以31%和27%的选票居第二、三位。令人惊讶的是居然共有463000名网民点击鼠标进行了投票。在将来的某一天，是不是大选投票也可以通过网络进行呢？

模拟大选的结果与真正的大选有出入，原因在于外表俊朗帅气的克莱格得到以年轻选民为主的Facebook用户最多的青睐。而这样的模拟投票也刺激了年轻选民一贯低迷的投票欲望。路透社的统计显示，实际参加大选的18～24岁的年轻选民，比上届大选增长7%，高于总人口平均数的5%增长。

而微博客Twitter同样成为竞选利器。在总共3000多名国会议员候选人中，有600多人使用了Twitter助选。很多候选人将它作为自己的“官方通讯社”，向选民直接发布竞选信息，而选民也则通过“跟随”具体的候选人而可以以手机、笔记本电脑等移动终端第一时间了解到该名候选人的最新更新，并可立即加以转发传播和添加评论。这种病毒式的传播方式和消除界限的互动方式，使候选人与选民之间的距离迅速拉近，平等对话。

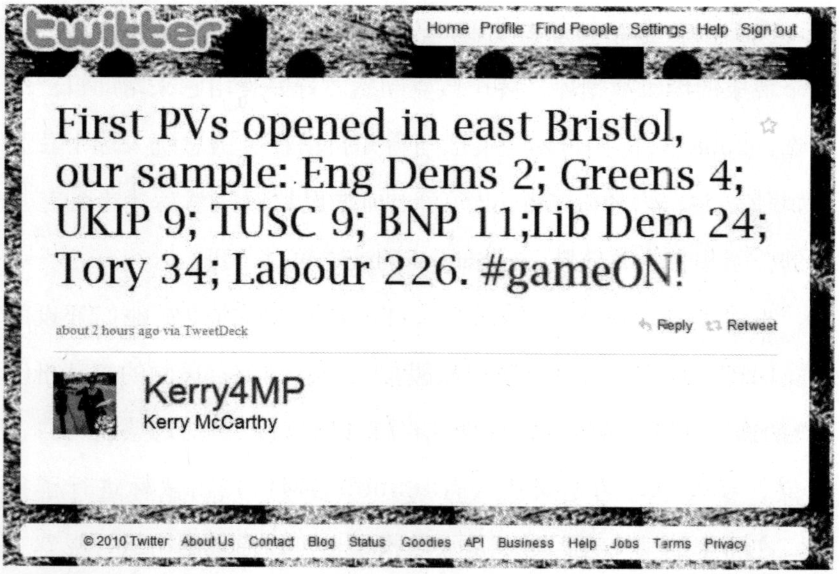

●布里斯托尔东部选区的工党候选人凯莉·麦卡锡在Twitter上泄密的截屏。

唐宁街10号首相官邸也注册了一个Twitter账号，用以发布首相和内阁的最新消息。保守党、工党和自由党及其他党派也都拥有自己的账号。有趣的是，卡梅伦一当选，就重新注册了一个账号给唐宁街10号，用“number10gov”代替原来的“downingstreet”，在新的一页上谱写自己的信息。

不过，使用Twitter过于狂热有时也会适得其反。在大选前一周的4月29日，布里斯托尔东部选区的工党候选人凯莉·麦卡锡将她从当地选票回收办公室听来的邮递选票情况公布在自己的Twitter上，以显示自己正大幅领先其他候选人，结果被检控触犯法律，接受调查。

即使是传统媒体，BBC、《卫报》、《泰晤士报》等也都开设了自己的Facebook和Twitter等社交媒体账号，开足马力传播自己的独家内容。在这种情况下，候选人的一丁点闪失可能在瞬间被放大，形成致命的打击。布朗的“偏执门”事件就是这样爆发的。

大选前一周，4月28日，当布朗到小城罗奇代尔拜访选民时，被66岁的老妇人达菲夫人缠住，问他关于东欧移民的事情。他应付几句后便转身离开，还抱怨刚刚这个妇女选民是个“偏执狂”，和她见面是“一场灾难”。但他忘记了随身的麦克风还开着，这几句话被天空电视台直播出去，并迅速在Youtube视频网站上传播，引起轩然大波。布朗原本低迷的支持率雪上加霜，而达菲夫人一夜之间成为明星，《太阳报》出资10万英镑获得她的专访权，可惜因为她批评布朗太过火，报社最终放弃刊登该报道。

而2010年竞选的最大历史性突破是电视媒体直接介入竞选过

程。由于采用了美国式的电视辩论，三位候选人在大选前的前3周进行了三次电视直播的公开辩论，分别在BBC、SKY和ITV三家电视台向公众直播。克莱格在第一次辩论中大获全胜，使原来是保守党和工党的两强争锋一下子变成三驾马车赛跑。不过卡梅伦很快在第二和第三场辩论中取得优势，并将这种优势保持到终点。

电视辩论对英国人来说是新鲜的，特别是热衷看真人秀和电视剧的少男少女们，他们原来并不热衷丑陋无聊的政治，现在他们可以对着电视屏幕对候选人的表现评头品足，就像看一场全新系列的选秀节目《X Factor》或者《全英达人》。面带微笑、文质彬彬的克莱格赢得了最高的人气，甚至引发了全英国的克莱格热（Cleggmania），可惜由于英国选举制度的原因，自民党无法把优势化为胜势，这才引发了英国选举制度改革的呼声。

人们显然非常接受电视辩论这种方式，他们倾向于自己亲眼看到某件东西之后再做选择，就像在超市购物一样。而电视是一个走进千家万户的方式。候选人再也不是在高高在上的威斯敏斯特，也不是在枯燥无聊的报纸版面上。他们正在电视上注视着你讲话。

创造历史的第一场电视辩论最受观众欢迎，收看的观众数达到了990万人，约占英国总人口的15%。第二场和第三场辩论也分别吸引了460万和830万观众。60%的电视观众认为收看辩论影响到了他们的选票投向。

与此同时，苏格兰、威尔士和北爱尔兰的主要党派也在当地开展了两到三场电视辩论。BBC也转播了其中的部分辩论，甚至还发生过由于BBC转播的时间过短，遭到苏格兰党派公开抗议的事件。

而英国报纸和美国报纸一样，社论版是独立于新闻内容的。他们在每次大选前都会宣布自己支持某一个政党，号召自己的读者投某个政党的票。虽然这看起来好像违反了新闻的中立性，但他们在保持新闻内容中立的同时，在社论意见里表明自己的态度。

2010年由于布朗的表现太过糟糕，连一向支持工党的《卫报》也倒戈支持了自民党。只剩下忠诚的《镜报》在苦苦支持他们。而支持保守党的报刊最多，从老牌的《泰晤士报》到畅销的街头小报《太阳报》，从严肃睿智的《经济学人》到免费发放的地铁报《标准晚报》，无不看好卡梅伦。而卡梅伦最后的获胜则使它们在读者面前也显得很有面子。

附：各主要媒体支持的党派列表

《卫报》——自由民主党

《独立报》——自由民主党/工党

《每日电信报》——保守党

《每日快报》——保守党

《每日邮报》——保守党

《太阳报》——保守党

《镜报》——工党

《金融时报》——保守党

《泰晤士报》——保守党

《观察家报》——自由民主党

《经济学人》——保守党

决定投票走向的“无形之手”

一个典型的保守党选民会是什么样子呢？他应该是50～60岁之间，白人，受过良好的大学教育，掌握一门熟练的工作技术，家庭属于中产阶级以上，甚至有一些贵族身世，住在英格兰东南部的发达地区，通常拥有自己的房子。

那么，一个典型的工党选民是什么样子呢？这个答案可能会有几种情况。他可能是来自英格兰北部的工业区的体力劳动者，闲时喜欢喝几口威士忌。他也可能是英格兰东南部20～30岁之间的白领工人，受过大学本科以上教育，比较接受新观念，想通过一些方式改变社会。他还可能是一名新加入英国国籍的移民，肤色是黑色或者黄色，可能还没有找到工作，而又担心移民政策的收紧会影响他远在其他大洲的家人无法过来和他团聚。

传统意义上，英国是一个阶级分化严重的国度。乔治·奥威尔在1940年说：“英国是日光之下最阶级分化的国家，它是掠夺和特权横行的土地，由一帮老人和蠢人统治。”

时隔70年，英国阶级分化的情况并没有改善多少。单就伦敦而言，从黛安娜王妃生前最喜欢的地区——富人扎堆的肯辛顿地区，到东部贫民聚集的巴金（Barking）地区，无论从景致到生活，落差巨大。

英国传统上是一个贵族主导的阶级社会。王室之下，是各种爵位的贵族，在平民之中，也分不同的等级。进入20世纪之后，社会阶级的分布开始与经济地位、生活条件等结合起来，出现了上层阶级、中产阶级、工人阶级等分野。

二战之后，随着高科技的发展，大规模生产对人工需要的降低，英国的工人阶级不断萎缩。根据2005年的统计，在英国4000万适龄工作人口中，需要用手工劳动的人数只有614万，约占15%。这个比例在20世纪初是80%。1950年代中期，工党连续三次大选失利，引发了这样的疑问：在工人阶级不断衰落的情况下，工党以后还能不能赢得大选？

事情没有按照这样的预想发展下去。人们发现，尽管整个社会的财富增加了，但社会的不平等程度同时增加了。反映社会平等状况的基尼系数在英国不断升高，从1960年代的0.25到1990年代初的0.37，并在2009年达到0.40左右。系数越高代表社会越不平等。

与此同时，社会阶级之间的鸿沟不断扩大，社会出现板结化现象。个人通过奋斗实现进入更高阶级的通道逐渐狭窄。社会流动性的减弱成了工党想奋斗的目标。这样，尽管工人阶级濒临消亡，但大多数人变成了区别不大的中间阶层。

于是，传统的选民镜像也越来越模糊化。保守党和工党选民之间的界限已经越来越难以辨认。比如工党的选民正降低原来的底层劳工构成，越来越中产阶级化。而也有一大批选民正越来越偏向非左非右的中间路线，这使一直奉行“第三条道路”的自民党有了机会。而随着政党依附属性的降低，一些重大议题，如经济、卫生、安全等所扮演的决定角色越来越重要。

一个选民怎么决定他的选票投给谁呢？这是选举政治研究者们最想弄清楚的一个问题。因为每一个候选人都想知道怎样使他的竞选变得更立竿见影。然而选民有时好像捉摸不定的影子，某一个蝴蝶效应都可能使他们在最后关头改变主意。

传统以来，党派属性是决定选票去向的最重要因素。在英国，保守党和工党大约各有650万到750万的忠实选民，即无论政党表现如何，执行何种政策，候选人个人魅力如何，这批选民始终坚定地投向他们的党派。他们的票数大约能占到政党最终得票数的一半。

而剩下的一半，则主要是通常所称的“摇摆选民”，他们是最难把握的一群，往往一开始处于中立位置，在大选的最后关头才决定自己投给谁。对这批选民来说，各政党大选冲刺阶段的竞选表现非常重要，谁能够有效地抛出一两个极具吸引力的杀手锏，同时不犯一些破坏性的错误，他就能吸引到一批摇摆选民。

然而，我们从历届大选最终的投票结果来分析，还是能看出一些共性。选民的受教育程度、所属的社会阶级、财产、种族、所居住地区等都是一些重要的影响因素。从传统的角度来说，由于保守党的候选人大多从小就读伊顿公学等名校，大学也多是牛津剑桥校友，投票给他们的选民一般也有接近他们的教育背景。而一般的工薪阶层则一般投给工党。但如果选民居住的选区里，某个政党一直过于强势，久而久之，其他政党的选民就不愿参加大选了，认为投了也白投，这就需要通过调整选区来改变了。

同时，新时代的年轻选民的思想已经和他们的父辈迥异，代沟的存在也带来选票流向的变化。

我的年轻朋友卡罗琳想投票给自由民主党，而不是父母一贯投向的保守党。她说很多朋友在Facebook上建立了投票给自由民主党的小组，吸引其他朋友一起投。而年轻人是很容易受同伴影响决定的。

苏格兰、北爱尔兰的情况特殊些，他们受宗教分野和是否留在大不列颠王国内的统独意识形态不同的影响比较大。在北爱尔兰，新教徒和天主教徒势成水火，双方的人口比例分别占46%和40%。前者主要投给北爱尔兰统一党（UUP）或者民主统一党（DUP），支持国家统一；后者主要投给社会民主工党（SDLP）和新芬党（Sinn Fein），支持独立。所以选民们一般根据自己支持的宗教和统独主张来决定自己的选票去向。

然而，不同于教育、经济地位这些相对固定的因素，一些随机因素同样会影响选民的决定。现任政府在过去几年里的表现，在任首相的个人魅力等，都是重要的因素。在最后关头，一些随机事件也会产生意想不到的影响。比如本届大选之前的布朗“偏执门”事件，就严重影响了工党的得票率。

甚至于投票当天的天气也是重要影响。有一个说法是：如果投票当天是雨天等糟糕的天气，保守党的胜算就会大几分，因为在那种天气下，富人出门有私车，所以还愿意去投票，他们大多支持保守党。那些走路去投票的工薪选民，投票愿望受天气影响就比较大。这就构成了有趣的“投票天气学”了。连BBC在预测大选走向时都会说一下投票日当天的天气预报。

保守党：老大哥的大起大落

1945年7月，当温斯顿·丘吉尔刚刚带领英国赢得第二次世界大战，他领导的保守党信心满满地想在那硝烟中的英国大选取得连任（战时政府是保守党主导的联合政府）。没想到迎接他的是一场惨败。他失去了原有383议席中的近半数（190席），将首相之位拱手让给爆冷胜出的工党领袖克莱门特·艾德礼。尽管选民赞许丘吉尔政府的战时表现，他们仍然更相信工党政府能够更好地引领他们进行战后重建。

丘吉尔甚至遭到了斯大林的嘲笑："在你的国家，胜利者却下台了。"丘吉尔的回答是："我带领英国取得胜利，就是为了保护他们可以将我选下台的权利。"

这就是保守党价值观的一个重要体现：对个人权利和自由的重视。

"保守"这个形容词在汉语的语境略有贬义，而在英语里则代表一种价值观，没有褒贬之意。

所以保守党并不意味着顽固不化，因循守旧。在国内语境的新闻宣传中，无论美国还是英国的保守党，通常给读者一种老牌资本主义政党专门给中国找茬的形象。事实上，在美国的保守党当政时期，美中关系通常最稳定，容易出问题的反而是民主党当政时期。

当然这是题外话。从英国的保守党来看，它其实是代表了维护资本主义传统价值观，即比较重视个人自由，支持自由贸易、自由市场，限制政府角色等意识形态。它是同主张对社会进行激进改革的“左派”政党相对应的，后者一般强调改革、政府作用等。在英国，其对应的政党是工党。

英国保守党的前身是托利党（Tory），是英国两大老牌政党之一，成立于1678年，那时正是查理二世复辟成功，重行王权，但议会权力也逐步膨胀之时。议会政党的兴起最大的作用就是逐步限制王权，并将自己逐步放在国家政治生活的主导力量的位置上。随着平民选举权的扩大，政党也越来越强势。在以扩大投票权而闻名的1832年选举法实施之后的两年，今天的保守党便从当时的托利党正式脱胎出来，逐渐发展成英国实力最强的一个政党，可以说是当今英国各政党中的老大哥。

二战之后，保守党有过两个黄金期。丘吉尔在1945年竞选失利之后没有沉沦。果然时过6年，在1951年选民又利用他们手中的权利将他重新选上台。他的继任者艾登和麦克米兰都成功地在接下来的两届大选中保住了保守党的执政席位。1951～1964年这段时间，是保守党在英国的垄断时期。随着高科技在工业生产中的大量运用，产业工人数量急剧下降，工人阶级在社会中的比重同时下降。人们甚至开始怀疑接下来工党还能不能拥有广泛的群众基础，继续对保守党构成威胁。

然而事情的发展超出了人们的想象。1964年，随着国际左派运动的新一轮风起云涌，工党也适时重新上台。但他们的统治也不稳固。在1970年代，英国陷入了几个政党轮番执政的局面，也出现了联合政府与少数派政府。这与资本主义在1970年代的经济危机有关，也与科技生产发达之后带来的社会贫富差距进一步拉大有关。

直到1979年，“铁娘子”撒切尔夫人的横空出世，才使保守党又迎来一个长达18年的执政黄金时期。撒切尔夫人的机遇是上任3年后的英阿马岛之战，国家对外战争一直是提高国民凝聚力的不二法门，这一点小布什在2001年反恐和2003年伊拉克战争初期也屡试不爽。而整个英国经济在1980年代的相对平稳，给了保守党稳定的执政空间。

撒切尔夫人的政策，她自己称之为“新右派”，也即继续弱化政府职能，推进自由贸易，同时确保英国在欧洲大陆之外的独立位置。她把大批国有企业，比如BP、BBC等，都进行部分的私有化，让一些私人股份介入。同时，即使是一直作为社会福利而存在的政府公屋，她也以低于市场的价格鼓励住在里面的人买下来成为私有财产。

但撒切尔夫人在1989年推行的人头税（Poll Tax）引起了强烈反对，更在1990年在伦敦引起暴力骚乱，她也因之自感不能在1992年的大选中获胜，主动辞职，让位于党内新生代约翰·梅杰。尽管梅杰略为懦弱的性格备受争议，但他成功地在1992年的大选中险胜工党，为保守党延续了5年的任期。当然，他执政的后果是1997年，工党在风头正健的托尼·布莱尔的带领下，报复性地赢得了有史以来最大规模的大选胜利。梅杰领导的保守党损失了过半席位，惨淡下台。

梅杰的这一下台，开始了保守党13年的在野期。这个时期保守党内乱不止，党领袖连换三人，也无法从工党手中夺权。最后保守党采取的办法，居然是模仿工党推出年轻的布莱尔一般，推出年仅40岁上下的大卫·卡梅伦担任领袖，竞选首相。尽管卡梅伦在2010年未能实现保守党的绝对胜利，他仍然将工党赶下台，并与自由民主党组建联合政府开始了保守党的新执政时期。这会是保守党新的一个黄金时期的开始吗？目前看来未必，联合政府这一不稳定的结构会对卡梅伦的前景造成隐忧。

历史上其实有前车之鉴，1922年，一批保守党后排议员（Back bencher）造反，逼迫保守党退出当年由自民党领袖劳合·乔治主导的政府。第二年，一批新当选的后排议员成立了一个委员会，为纪念前一年的成功，取名为1922委员会。它排除那些加入内阁或者担任党内重要职务的前排议员，代表在议会中普通保守党议员的利益，掌握了选举本党领袖的重要权力。

保守党要选举一名新领袖，需由1922委员会的主席提名候选人，然后在议会中的全体保守党议员投票，选出得票最多的两名候选人，再由全体保守党党员进行一人一票的公投（投票者需入党3个月以上）。1922委员会还可以对党领袖进行弹劾，进行信任投票。如果党领袖不能取得过半数的票数，他将被迫下台。

卡梅伦注意到这个不稳定因素。他计划削弱1922委员会的权力，在当选首相之后，他立即推行了让前排议员可以参加1922委员会的改革。这些党内要员可以列席会议，并在一些决策层面施加影响。这个改革尽管遭到了强烈反对，但还是被投票通过。然而党领袖要获得1922委员会的支持这个传统还没有改变。

长期以来，保守党代表的是大资产阶级的利益，被认为是富人政党。但其实要加入保守党并不困难，在www.conservatives.com上在线填写个人信息，递交申请就可。年费是25镑，23岁以下的党员是5镑。如果不愿意加入，也可以捐1镑以上成为“保守党之友”，同样能够接收到来自党内的各种信息。事实上，党员数量的萎缩在英国各政党已是不争事实，目前保守党党员的数量是29万，仅为1950年代初高峰期280万的10%左右。

这背后，是选民对政党属性依附力度的下降。选民再也不像过去因为某个政党的意识形态而支持或反对它，而是通盘考察其政策内容及执政表现，谁好就选谁上台。而政党之间的差异性也在下降。现在人们已经很难说，保守党就是富人党，而工党就是穷人党了。

工党：一枚社会主义滚石

写下著名的《1984》一书的乔治·奥威尔，生命的最后几年是在伦敦大学学院的附属医院里与肺结核病魔抗争度过的。这所大学也是我在英国就读的大学。当年，乔治·奥威尔晚年的新婚妻子索尼娅和他的记者朋友们，也穿过我如今每日步行的街道，去医院探望奥威尔。

奥威尔在1930年代成为“独立工党”的党员，这个政党在1906～1932年曾依附于工党，但其实它的历史比工党还早，成立于1893年，是英国第一个工人政党。今天的英国工党成立于1900年，1906年联合其他小党派命名为工党。

作为一个社会主义者，奥威尔跑到了西班牙参与了共产国际反佛朗哥的内战。然而他也看到了共产国际的内部倾轧，他自己也被斯大林清算，险些丧命。这坚定了他反对极权主义的信念，这些经历倾注于他著名的作品《1984》。

奥威尔的故事，是社会主义在19、20世纪200年之间在英国发展的一朵浪花。尽管英国从未成为一个社会主义国家，但它对社会主义运动的影响可能没有其他一个西欧国家能够比肩。罗伯特·欧文在19世纪早期就进行了他的社会主义实践。而19世纪三四十年代的宪章运动则推动了工人阶级政治权利的增长。马克思于1850年前后在伦敦写下了《资本论》的第一卷，并将生命的最后30年留在这里，死后葬于伦敦北边的海格特公墓。相比于马克思在普鲁士和法国受到的驱逐，更民主化的英国为社会主义思想的发展提供了温和的土壤。

然而，马克思暴力革命理论并没有在英国得到实践。其最大的原因是英国在1867年的选举法令中已经初步实现了工人阶级参与大选的权利。工人们可以通过选票来表达他们改造社会的意见。大量的工人选民在19世纪末的涌现使工人阶级政党成为一个时代呼唤的产物。1900年，工人代表委员会成立，6年之后更名为工党。

比起保守党和自由党，工党显然是一个新生派小弟弟。但它的威力之大，令人始料不及。1923年，他们就在大选中取代了自由党成为最大的反对党，而且在保守党的少数派政府辞职后，1924年1月，工党领袖麦克唐纳组建了英国历史上的第一届工党政府。从另一个角度衡量，社会主义在英国取得了初步的胜利。

这种胜利其实是费边社会主义的胜利。费边社会主义的代表人物萧伯纳、韦伯夫妇，认为英国民主逐步发展，劳工组织也日益壮大，从资本主义到社会主义的过渡应该通过温和渐进的方式，而不是马克思式的暴力革命来完成。这种思想一直遭到正统马克思主义的排斥，恩格斯和列宁都先后批评过费边主义。但费边主义在英国却有其雄厚土壤，其组织费边社一直成为工党百年来的智囊。

麦克唐纳的政府仅存在了10个月便夭折。作为第一个社会主义政府，传统英国人还是不够信任。在麦克唐纳下台后的新一次大选前，一件历史悬案便折射了这种心理，并使麦克唐纳无法通过选举重新上台。

1924年10月大选的4天前，倾向于保守党的报纸《每日邮报》登出了一封时任共产国际总书记季诺维也夫给英国共产党总书记麦克马努斯的信，信中说共产国际将和英国共产党合作，在英国掀起社会主义革命，使英国及其殖民地变成列宁思想的领地。这封信引起了英国选民的极大关注和恐慌，带有社会主义性质的工党一下子成为众矢之的，在4天后的大选败北。而在数十年后，这封信被证明是伪造的，其始作俑者可能是俄罗斯的流亡贵族。

工党直到5年之后的1929年才重新上台掌权，可惜流年不利，碰上了世界性的经济危机，很快又下台了。他们出人意料地在1945年二战之后击败了丘吉尔领导的保守党，由艾德礼上台组阁。直到这个时候，工党才终于有条件来推行他们的公有化政策。他们把英格兰银行、矿产、电力、铁路等都收归国有，同时实行“从摇篮到坟墓”的国家福利制度，国家卫生体系（NHS）也被建立起来，实施工人最低工资待遇等劳工保障。从某种角度来看，英国已经是一个社会主义国家。尽管工党的统治在1950年代被保守党取代，但他们的国有化措施和福利政策被保守党继承，成为“战后共识”的一部分，其中福利政策更成为一直被沿用到今天的政治遗产。而其推崇的国家应该对市场进行有效干预的“凯恩斯思想”，则成为今天各国政府对付金融危机的重要理论来源。

工党在1960年代和1970年代中期两度重新掌权。但在1979年保守党撒切尔夫人当政之后，国有产业被奉行小政府自由主义的保守党政府逐步私有化。长达18年的保守党统治，乃至国内外环境的急剧变化，包括科技生产对工人数量的冲击，都使工党内部也不断重整。在近100年的时间里，工党一直宣称自己是一个社会主义政党，而到1997年布莱尔当选首相后提出“新工党”的概念，“社会主义”这个名词被从党章中抹去。布莱尔为了吸引更多的中产阶级的支持，提出“新工党，新英国生活”的口号。他已经不再单一地宣称工党为工人阶级服务，而是为整个英国人民服务。他将自己所提的主张称为“第三条道路”，即非左非右，非资本主义和社会主义分野的中间派新道路。

同时，工党的领导人出身也越来越多地来自中产阶级，乃至牛津剑桥等名校的毕业生，他们和保守党之间的根本分野已经越来越小，分歧只是停留在具体的政策层面，而不是根本利益和纲领层面。

现在，布朗竞选失利，工党在英国近13年来的持续统治被终结了。布朗也辞去了工党领袖一职，新的领袖是前能源及气候变化大臣、40岁的埃德·米利邦德（Ed Miliband）。他击败了自己的亲生哥哥、前外交大臣大卫·米利邦德而上台。

要加入工党，只需要到工党网站注册（www.labour.org.uk），其年费40镑居然比保守党（25镑）还贵。不过它比较照顾年轻人，27岁以下年费仅为1英镑，而学生党员免费。

自民党：一个小三的成功入阁

2010年3月的时候，离大选还有两个月。著名的伦敦街头免费地铁报Metro办了一项活动，给30名读者与保守党领袖大卫·卡梅伦见面提问的机会。一时间应者云集，却只有少数遂愿。Metro为了安慰落选者，安排了另一场见面会，邀请自由民主党（简称自民党）领袖尼克·克莱格（Nick Clegg）见另一批读者。但有一部分读者并不领情："他是谁？哦，那个千年老三，在竞选中永远没有机会的候选人。"

自民党一直处于这样的角色，按道理它的资格与保守党不相伯仲。它的前身辉格党（Whigs）作为保守党前身托利党的对立党派几乎同时诞生于17世纪晚期。他们主张限制王权，提倡自由贸易。后来辉格党在1830年代更名为自由党，并推动选举法的改革，使更多平民获得选举权。这使他们的支持率也大幅上涨，成为与保守党分庭抗礼的一大政党。党领袖格莱斯顿更是在1867年新一轮选举改革之后连续4次当选首相。

可惜好景不长，20世纪初，自由党开始陷入两派分裂。尽管劳合·乔治出任首相带领英国穿越了第一次世界大战的硝烟，他的联合政府在1922年由于保守党人的退出而宣布下台。从那之后，自由党再也无法重新获得上台执政的机会。直到66年后的1988年，他们和社会民主党合并，成为今天的自由民主党。可惜在过去的20多年里，自民党一直只能排在轮流坐庄的保守党和工党之后维持老三的地位。

自2007年12月当选领导人的克莱格肩负着自民党复兴的重任。当选的时候，他刚年满40岁，属于少壮派。他父亲是英格兰的一位银行家，祖母是一位逃亡到英国的俄罗斯沙皇时期的贵族。他毕业于剑桥大学社会人类学本科之后，又拿到奖学金到美国明尼苏达大学和比利时布鲁日的欧洲学院连续修读了两个硕士。毕业后他到《金融时报》成为一名报道欧洲经济的记者。但很快他就到欧盟工作。

克莱格走的是一条欧洲化的道路，他长期在欧盟工作，并且在1999～2004年间担任欧洲议员，通晓英、西、意等欧洲五国语言。对一贯支持融入欧洲的自民党来说，他是一个理想的领袖人选。而年轻的布莱尔振兴工党的效应也使自民党想效法。于是他当上自民党领袖便顺理成章。

在克莱格担任自民党领袖的前两年，尽管他的可掬笑容为他赢得一些人气，但相对于布朗和卡梅伦，他仍然是一个有些尴尬的第三者角色。在众多选民眼里，他和英国其他小党派的领导人，如绿党、苏格兰国民党等都是跑龙套的角色而已。

这样的偏见直到2010年4月15日晚间，在曼彻斯特举行的英国历史上第一场大选电视辩论开始时才化为泡影。人们为这位眼神亲切，侃侃而谈，颇具托尼·布莱尔之风的候选人而着迷，他在激烈争吵的布朗和卡梅伦之间扮演着超脱的第三者角色，大谈保守党和工党之外的第三条道路。

“他们越争论我就发现他们越一样。”克莱格说。

电视辩论结束后的民意调查显示，尼克·克莱格和他领导的自民党成了最大的获益者。他们的民意支持率一夜之间超越了工党，排名第二，从而使英国大选形成三驾马车争雄之势。而尼克·克莱格更引发了追星热潮。“Cleggmania”便是为形容这种热潮带来的新词。

在随后的两场电视辩论中，克莱格再接再厉，支持率继续攀升。在大选开始前夕，他甚至到英格兰北部工党传统的票仓宣传，以求挖工党的墙脚赢得更多的选票。

然而在现有的选举制度下，要撼动两党的根基并非易事。尽管克莱格领导的自民党总共获得全国选民23%票数的支持，但获得的议席数却只有9%，共57个。

不过，天无绝人之路，计票结果显示，保守党虽然得票最多（306票），却没有达到足够确保卡梅伦上台执政的650票的一半（325票）。工党获得258票，自民党获得57票。根据英国的选举法律，在没有任何政党获得过半选票的时候，政党之间可以组合成立联合政府，以两个以上的政党所获的过半票数来确保联合政府在议会中保持被信任地位。这样的情况，称之为“悬浮议会”（Hung Parliament）。

在这种规则下，尽管遭受了出人意料的失败，拥有57票的自民党成了抢手的香饽饽。保守党只要和其联合，就可以以363票超过议会半数席位成立联合政府。而工党理论上也同样可以和自民党及其他小党联合取得过半席位成立联合政府。卡梅伦第一时间向克莱格发出邀约，而克莱格也深知，和人心尽失的工党合作没有太多好处，还是利用这个机会向卡梅伦在内阁中多争取几个职位来得实在。

最终，在2010年5月11日，布朗宣布辞职。一个小时后，卡梅伦正式宣誓就任首相，克莱格出任副首相，新政府内阁中有5名自民党人，包括苏格兰大臣、国防大臣、商业大臣和财政第一副大臣等要职。

这就像一场联姻，人们不知道他们的蜜月期能够维持多少年。1922年，担任首相的自由党人劳合·乔治遭到了联合政府中保守党人的背叛。在近90年之后，他们的后代自民党人会以其人之道还治保守党之身吗？

至少，克莱格成功地使自民党新生，掌握了部分政府权力，他们再也不是一个默默无闻无足轻重的小党派了。

弗里尔：一名同性恋者的竞选之路

麦克·弗里尔（Mike Freer）坐在亨顿镇敞亮的办公楼里接受了我的采访。这位前巴克莱银行经理是一位典型的英国人，圆脸，粗壮，语速很快。当时他正代表保守党竞选芬奇利选区的国会议员。

这个芬奇利选区对保守党有着特殊的意义。它是历史上主政英国11年的“铁娘子”撒切尔夫人所在的选区。但自1997年工党执政以来，这个选区的议席居然一直被工党所把持，令保守党不能容忍。

我居住的地方刚好处在这个芬奇利选区的边界。我们所属的街区叫东芬奇利，是由3位工党地方议员所把持的。其中的一位艾莉森·摩尔（Allison Moore）是工党推出的在芬奇利选区的候选人。时任工党国会议员的鲁迪·维斯（Rudi Vis）博士因为年事已高决定不谋求连任，没想到半年后他便因癌症去世，当地为他举行了悼念仪式。

摩尔和弗里尔不仅是大选上的对手，也是平时在地方议会里的

●芬奇利选区的保守党议员候选人弗里尔。

对头。芬奇利选区在行政上属于巴内特大区，弗里尔一直到大选开始前半年都是该大区的主席，因为保守党在这个行政区的地方议员占优势地位。而摩尔则作为地方议会里的在野党，平时经常就政策问题和弗里尔斗争。

看到这里可能有些读者会感到费解。事实上，只要弄清楚在英国立法权和行政权独立分开的事实便会释然。在议会选区芬奇利，工党是执政党，保守党是在野党。在其所属的行政区巴内特，情况则反之。国会议员有权向国会发起提案提请立法，但无权过问地方事务，只能够向地方行政首领写信建议。地方行政首领掌握了一个区的财权、行政权等，却只能在国会制定的法律框内行事。这两项权力同等重要。而2010年的5月6日，则是国会选举和地方议员选举同时举行的日子。

我写信给弗里尔发出采访邀约，他爽快地答应了。在一个黄昏，我坐上143路公车，到北伦敦的亨顿镇会堂，和他进行了一个小时的交谈。

我们的话题当然离不开撒切尔夫人。“她还会参与保守党的竞选事务吗？”我问。

“撒切尔夫人有时会指导我们的工作，她平易近人，又对政治局势洞察透彻。我们必须为她赢回这个选区。”弗里尔显得信心满满，“你能感受到她身上那种教养、谈吐都非比常人，在这个选区拥有她是我们无可比拟的财富。”

的确，芬奇利选区所包括的地区不同凡响，其中最有名的是高德斯格林地区（Golders Green），那里是富人和名人聚居地，有成片的豪宅。前中国驻英国大使傅莹也曾居住在那里。

弗里尔对这一地区自然相当熟悉。他原是芬奇利选区所在大区巴内特的前任地方议员领袖。地方议员是英国民主的细胞。每一个面积类似于中国街道居委管辖的范围里，每四年选出3名地方议员，这3名地方议员可能不属于同一个政党，但他们一起为该区域的居民服务。而一个大区通常有十几个这样面积的区域，因而每个大区有50名左右的地方议员，由他们组成一个委员会，成为大区最高的行政机构。50名议员里面，占多数的党派自然成为实际上的统治者。弗里尔就是这个巴内特大区多数党派保守党的党魁，也是巴内特大区之前的实际“区长”。

摩尔的同事、东芬奇利“街道”的工党地方议员科林·罗杰斯（Collin Rogers）无奈地说，这个大区里所有的事务其实都是由占多数地位的保守党决定的。最令人诟病的是，有过银行经理背景的弗里尔居然在两年前决定将2700万镑的地方经费投资在冰岛银行里，结果因为冰岛金融危机而亏损严重。这成为他一个重大的污点，也是摩尔攻击他的重要火力点。

这笔费用，属于巴内特大区富余的预算。平时政府也会将手头宽裕的资金进行一些投资，以取得适当的回报。弗里尔这一个投资失误虽不算渎职，但也引来一些选民的怀疑眼光。

另一个略有争议之处是，弗里尔还是一位公开的同性恋者。其实议员里面的同性恋者也不少见，但不一定公开“出柜”。弗里尔则早早向公众亮明了身份。我问他如果当选是否会为同性恋者争取权利，他说：“如果我想被平等地对待，我也需要平等地为所有人谋福利。”

像前文所说，英国大选和美国大选最大的区别是，英国是议会民主制，美国是总统制。所以英国虽然看似是选举内阁首相，但其实是选他们背后代表的政党。因而在英国的选票上，是看不到布朗、卡梅伦和克莱格的名字的，而是每个单独选区的候选人名字，按姓氏字母顺序排列。投弗里尔一票就是投卡梅伦一票。他的名字相信会比较靠前（F开头）。根据选举心理学的研究，候选人名字排列也会对选民造成心理暗示。他对竞选志在必得，在2010年初他决定参加国会议员竞选时就辞去了在巴内特大区的行政职务，虽然这并不是宪法要求，但是他声称为了显示自己的决心，集中精力参加竞选。

最后弗里尔以46%的选票获得成功，成为伦敦地区保守党的新议员之一。他的对手摩尔得到了33%的选票，只能黯然地继续担任地方议员的职务，卧薪尝胆以待下届大选了。

吴克刚：竞选英国议员的广东人

2010年大选，下院议员候选人中破天荒地出现了7名华人的身影，数目之多在历史上是第一次。其中的一位华人，来自广东潮州的吴克刚，在利物浦市中心的河滨选区（Riverside）代表保守党参加竞选，更是英国议会中第一次涌现出来的具有中国大陆背景的候选人。

我去拜访吴克刚，是在2010年4月的一天。利物浦市中心在清晨显得有些清冷，默西河畔的阿尔伯特船坞，记载着历史的辉煌。在全盛时期，利物浦港口的吞吐量占全世界总量的40%，这里还是重要的贩卖黑奴的据点，而且也建立起欧洲最早的唐人街。然而今天，利物浦是英国南北发展日益不平衡趋势的受害者，这座全英第四大城市的失业率竟然居于英国各区前列，达到12%。

吴克刚的办公室在离阿尔伯特船坞步行可达的地方，位于市中心大型购物中心“利物浦一号”与老城的交界。只是这座叫做“汉诺威大楼”的建筑，门口没有挂着任何标志，一楼还是一家巧克力蛋糕店。旁边的工人都不知道保守党的办公室在这里。

●利物浦河滨选区保守党议员候选人吴克刚。

吴克刚用带着乡音的普通话说："这里就是英国保守党在利物浦地方的党支部了。""党支部"这样的词语令人恍惚，一个华人讲党支部，这样的情景应该发生在中国吧，而眼前这位身材不高，年近知天命的华人，正在英国带领着这个党支部向威斯敏斯特进发。

英国保守党在党魁大卫·卡梅伦的带领下，自2009年开始一直是大选的最大热门，民调一路领先，最高时领先布朗的工党17个百分点。不过自2010年3月以来，双方距离拉近，一度保守党只领先工党两个百分点，鹿死谁手尚难预料。而吴克刚若能当选，将为卡梅伦贡献上宝贵的一票。

吴克刚是因为怎样的际遇，能站在利物浦来承担这一历史使命呢？

吴克刚1961年生于广东省潮州市区甲第巷，这条小小的古巷如今还雕梁画栋，是完好的潮州民居保存典范，因为历史上出过科举状元而得名。现在吴克刚在英国竞选国会议员，这是不是另一种方式的“及第”呢？

“我是幸运的，1978年作为‘新三届’的学生上了中山大学，读地理系。”17岁便顺利读大学的吴克刚不用像“老三届”一样蹉跎岁月，毕业后又到华南师范大学攻读硕士，并留校任教5年。对于一个大学青年教师来说，在1980年代，他已经有了国家科研课题，也出版过学术著作，有稳定的教职，家庭和睦，第一个孩子刚刚出生，这样的生活，很多人也就继续过下去了。可是有点不安分的他还想继续到国外的学术世界深造，看看在地质、环保等方面国际上的尖端研究是怎么样的。于是，他在1991年来到伦敦大学国王学院攻读博士。这一来，便是他英国生涯的起点。

“我博士研究的主题是尼泊尔的梯田开发与印度恒河保护之间的争端，这个题目其实开始跨越了地质和环保的范畴，延伸到了地缘政治的范畴。而我作为一个青年学者，比普通的学生对研究更有自主性，我的博士导师就换了3个，都是大名鼎鼎的教授。从中我学到最多的便是如何用计算机的手段科学地分析地理变化。而向地缘政治的兴趣扩展，使我后来的工作和今天的发展，都有渊源可寻。”1994年毕业后，吴克刚到利物浦大学地理系任教，开始了他在利物浦河滨区定居的日子，一直到今。

即使到大学任教，他仍然活跃于校外各种事务。他积极地参与了利物浦商会的项目，并帮他们建立和中国的关系。1999年，利物浦和上海建立友好城市，吴克刚做了不少牵线搭桥的工作，并为利物浦在上海设立了第一个办事处。后来，利物浦和上海的一系列经贸文化交流活动，都有吴克刚的身影。而2010年上海世博会，利物浦是英国各地中唯一独立于英国馆之外有单独展区的城市，展现利物浦如何将“历史遗产保护和再利用”。

2000年，吴克刚联系了上海的施工单位，为利物浦唐人街兴建了一座气势堂皇的牌楼，比伦敦唐人街更胜一筹。他也因之被称为“Mr.China”（中国先生）。后来，吴克刚辞去教职，成为英国国家商会的中国首席顾问，并自己开办了咨询公司。从一个大学教授到投身商海，专门做中英之间的贸易，并多次为英国议员提供对华政策的咨询服务。也是在这个过程中，他萌生了从政的想法。而在2001年，居住英国满10年的吴克刚加入了英国国籍，也使他的议员梦有了身份的可能。

“我作为华人移民，在过去的近20年来对英国社会的发展、政策利弊，逐渐形成了自己的看法和主张。我认为政府在制定政策的过程中需要多听听华人社区的诉求，多参考华人的意见。我有信心担当华人代言人的角色。而对中英关系的发展，我也能有所贡献。”吴克刚说。

要想成为某个政党的议员候选人，也不是轻易的事。吴克刚2008年加入了保守党。他看到在过去10多年的工党执政中，英国的经济出现了危险的滑坡，金融业成为全球经济危机的重灾区，而其他产业也没有相应发展起来，众多的议员更爆出了多报销费用的丑闻。保守党在这个情况下提出的“改变”口号吸引了吴克刚。

吴克刚加入保守党不足两年，便被选为议员候选人，这是比较少见的案例，也足见保守党对他的重视。参加资格竞选就像工作应聘，先要向遴选委员会进行个人陈述。一个成功的候选人要体现出对选区民情的透彻了解，也要对国会的立法政策程序熟悉，更要能够善于表达自己的纲领。被委员会选入候选名单后，要由该地区的党员民主投票。吴克刚击败了其他候选人，于2010年1月顺利当选利物浦河滨区的保守党候选人。

但要在这个选区胜出殊为不易，自1997年以来，利物浦河滨选区为工党的女议员路易丝·埃尔曼（Louise Ellman）把持已达13年之久。而且历次大选以来，埃尔曼的优势明显，均以超半票数当选，吴克刚承认该区是全英最难挑战的前30个选区之一。

同时，该区居民由于失业率高企，变得对政治冷感。而年轻白领，也对政治兴趣不大。即使是该区所拥有的两所大学——利物浦大学和约翰·摩尔斯大学，也成为投票率低的帮凶，因为学生们既可在自己家乡投票，也可在校区投票。但学生流动性高，而且对本地事务兴趣不足。这几项因素导致本区74000选民通常只有不到30000人投票，成为全英投票率最低的选区，仅为41.5%，低于全英61.3%的平均水平。

面对艰险的选举形势，吴克刚认为自己的优势在于四个方面：过去在英国商会有丰富经验，也曾帮助议员提供国际贸易政策咨询；中国崛起带来的地缘政治需要有熟悉中国情况的人帮助政府间处理相互关系；环保成为世界热点，自己是这方面的专家；代表少数族裔选民。这几个优势摆在一起，应该有机会一战。而长期以来工党统治的不见起色，经济危机又使民众生活大受影响，选民已经有强烈的改变意愿。

他通过各方努力来提高投票率。比如利用他原来在利物浦大学的关系，到大学宣讲，在大学生中招募志愿者，帮助其在学生中传播他的参政纲领；同时到黑人、华人等少数族裔居住区接触选民等。

对于成败，吴克刚说他并不考虑，他只想做好这个过程，甚至考虑自己写一本“参选100天”的书，记录这段历程。竞选几乎是一个全职的事情，他需要放弃掉其他工作的时间，“做一个赔本的生意”。但是他仍然想试一试。

5月的投票日终于来临，吴克刚最终没有得到惊喜，他的得票率为10.9%，在利物浦河滨选区排名第三，工党的埃尔曼以59.3%的高票连任。但吴克刚成功地保持了保守党在该区的票数。

尽管没有一名华人候选人取得成功，2010年英国涌现的8位华人议员候选人，其背景各具特色，可谓华人在英国奋斗各种路径的缩影。原籍香港的候选人有4名：竞争伦敦霍尔本·圣潘卡斯选区的李泽文，10岁从香港移民英国，从警队起家，做到总督察，是活跃在英国警界中少有的华人；竞争北爱尔兰贝尔法斯特南部选区的卢曼华，在英国做妇女权利保障起家，目前已是北爱地区议会历史上第一位华人议员；而在英国出生的凌家辉，则属于BBC（British Born Chinese）一类，年方29岁，服务于银行业；独立候选人成世雄，目前是英国东萨克斯郡议员，经营小生意，从地方议会起家。

而新马背景的华裔候选人有两位：竞争伦敦汉默史密斯选区的新加坡华裔杜淑真，竞争布罗斯本选区的马来西亚混血华裔谢晓明。他们都是在英国接受高等教育并在英国工作，转而进军政界。

相比之下，吴克刚的中国大陆背景最为特殊，也最为引人注目。因为无论香港还是新马，都与英国有殖民地或宗主国的关系，文化上也有关联之处，对英美民主模式相对熟悉。吴克刚则是在中国大陆土生土长，并在大陆接受高等教育并参加工作，然后才移民英国。语言、文化、政治观念、身份归属等转变对他的挑战无疑是巨大的。吴克刚笑言他从踏入英国国土起到现在天天都在练英文，“现在我的英文水平和中文水平大概差不多。一方面是我英文进步了，一方面也是我中文退步了。但我的中文对这边的候选人还是一个优势。”

候选人杜淑真说：“华人当选议员的意义在于能够提高华人社区在英国政治的地位，有一个华人成为议员，将能保障华人权益，增进华人与其他族裔和社区的了解。”目前，黑人和亚裔占英国人口总数的8%，但在议会中却只占2%的议席，属于严重的“低代表”比例。这直接导致了少数族裔政策为主流白人议员所决定的现状。

英国华人经过百余年的奋斗，社会地位逐步得到提高，然而真正参与到英国政治中的华人还是少数，他们在文化和习惯上都倾向于远离政治，很多人只是从事法律、金融、科技等技术性行业。而吴克刚认为今年出现这么多华人议员候选人，对华人在英国参政是一个鼓舞。不论结局成败，本身已是一种信号的释放。

李泽文：最英国化的华裔候选人

李泽文（George Lee）在思考的时候，右眼经常眯成一道细缝，仿佛这样的管窥可以更清楚洞察社会。他是带着骄傲感的人。骄傲来自他的职业成就，他是英国第一位在公职领域居于高位的华人，在别的华人只能办餐馆、开超市的时候，他做到了警队的总督察（Inspector），退役后又任沃达丰、T-Mobile等电信公司的副总裁。2008年，他决定进军政界，加入了保守党，一年后便被选为伦敦霍尔本·圣潘卡斯（Holborn-St.Pancras）选区保守党的候选人，正式竞选下院议员。

在伦敦皮卡迪利艾美酒店二楼的咖啡厅，李泽文和我说起他的奋斗史。10岁时从香港新界来到英国，和已在朴茨茅斯扎根开中餐馆的父母团聚，那时他只会说一个英语单词——“Tomorrow”，每天在店里帮工，生活似乎看不到前途。

“我每天都要在放学后赶回外卖店，在厨房中帮忙切菜及预备材料。店铺营业时，我要走到柜台前，应付那些醉酒和叫嚷的客人。我的少年就是这样度过了。”李泽文不无感伤地回忆道。

●伦敦霍尔本·圣潘卡斯选区保守党议员候选人李泽文。

为了追寻与父辈不同的足迹，他考入公务员队伍，在朴茨茅斯码头做一名保卫队员。后来他再考入了伦敦的警察队伍。

但是第一天的工作就给了他下马威。他被分派和一位白人警察在伦敦唐人街巡逻，白人警察一天都板着脸不和他说话，天黑时扔下一句：不出3个月，你会被清理出警队。从来没有黄皮肤的人能在警队待得久。

确实，某一天他去劝走一名醉汉，醉汉醉眼迷离看了他半天，挤出一句："你不是一个真警察。"因为他从没看过戴大盖帽的黄种人。

李泽文却把这种"假警察"的优势发挥出来。因为不像警察，他可以混进酒馆，和三教九流打交道，收集信息。和有色人种打交道也有优势，对破案有帮助。3个月过去，他没有被警队开除，反而获得了晋升。

接下来他一路春风得意，做到了总督察。名字也从与中文名谐音的Chakman改成了George，又娶了一名英国太太。这些都是融入英国生活的必要方式。不过他拿到警队的奖学金去剑桥带薪进修3年时，选择的却是中国研究专业。

等到他在警队和商界证明了自己，感觉再无挑战之时，投身政界成了他最新的梦想。大概这也是"牛剑情怀"的一种反映吧，英国的政治精英大多出身这两大名校。从剑桥毕业出来，又在主流领域与白人精英掰过手腕的李泽文在想，自己为什么不可以试一试政治。

按他的说法，工党和保守党都派人邀请他加入。他去了两边的宴会之后选择了保守党。“保守党的价值观其实和华人挺像的，重家庭，强调勤奋劳动，而不是光靠社会救济，同时保护商业经营者利益。”加入保守党一年后，他便经过几轮选拔，成为议员候选人之一。

“那个时候就像应聘工作一样，你通过了最初的选拔，成为候选人之一。但是要代表哪个选区出战呢？就要看哪个选区有空位，然后你就去竞争，这是党内竞选。推出几名候选人供区内的党员公投，我顺利地当上了伦敦霍尔本·圣潘卡斯选区的保守党候选人。”霍尔本·圣潘卡斯选区位于伦敦中心，包括了大英博物馆在内的各处文化景点，以及伦敦大学等重要学府，是颇为重要的一个席位。

但他的对手是盘踞了这一议席长达27年之久的工党议员弗兰克·多布森，此人曾出任英国卫生大臣，是工党在伦敦地区最资深的议员。2005年的大选中，多布森以45.1%的选票获选连任，比当时的保守党候选人多了将近30个百分点。

然而李泽文认为自己有机会。一来他看到多布森的支持率比前几届大选都有下降；二来选区界限的重新划定，把海格特等富人区划进来，支持保守党的选民数量增加了，他有信心一搏，甚至还把多布森以前的竞选主任罗致帐下，为己所用。同时，他到处争取支持，获得了末任港督彭定康以及著名华商、“上海滩”创始人邓永锵的支持，他的竞选经费在华人候选人中也属最丰裕之列。

在2010年参加大选的7名华裔候选人中，李泽文看起来是最融入主流的一个。他英文流利，脸上有几分中国人所说的“官气”，也颇为自得。他认为其他华裔候选人胜算都不大，谈起大陆候选人吴克刚时，他说吴的英语仍有口音，选民可能很难支持一名带口音的候选人。而他则一副信心满满的样子。

自3月与他面谈之后，我再也没有见到他。不过偶尔在报纸上还会看到他写的评论，比如中国处决英国毒贩阿克毛的事件，他也批评工党政府的做法，认为应和中国政府建立新型伙伴关系。同时，一些华人餐馆也在橱窗挂出了印有他头像的海报。其他华裔候选人可没有这个宣传力度。

大选日这天，我去了他位于伦敦中心区的竞选办公室。那是位于昔日律师会所云集的Gray's Inn地区的一座富人宅院。李泽文出去拜票，并不在办公室。迎接我的白人妇女Alison，说这里是她的房子，贡献出来支持李泽文作为“战时办公室”，因为他们都是保守党成员。她的儿子Toby也在帮助李泽文打理竞选事务，在电脑前紧张地统计那些目标选民投票了没有。

结果是在大选日第二天早上揭晓的。我从网上查到了这样的信息：工党候选人弗兰克·多布森顺利连任。李泽文以20.4%的得票率居第三，共得票11134张，比保守党上届的候选人多了1000多张，但支持率下降了0.5%。李泽文的华丽历险也终告结束了。没有奇迹，也没有惊喜。

即使像李泽文这么融入英国主流社会的华人，在政治上想争得一席之地仍然举步维艰。少数族裔人数尽管占英国总人口的8%（尚不算在英国国内的众多少数族裔非法移民），但2005年大选只有15名少数族裔候选人当选议员，占议员总数的2%。本届大选，这个数字提高到26人（4%），但少数族裔仍然属于“低代表性”的人群，他们的声音和主张仍然无法被英国主流社会所重视。

而在这26人中，没有一名华人，大多数是黑人和与英国有过殖民关系的印巴后裔。50万英国华人，目前还难以支撑起一名华人国会议员。这个使命，只能等后来者继续努力了。

投票日：漫长的一天

5月初的伦敦依旧寒冷，6日这天是大选日。一大早，60岁的自由民主党人盖尔·恩格特（Gail Engert）穿上冬天的大衣站在北伦敦马斯维尔小山图书馆的门口。她不是监票员，也已经早早投了自己的一票，却拿着一个小本子一直守在由图书馆临时改成的投票站门口，记录着每个前来投票的选民的编号。

恩格特的这个角色，大致类似于英国《选民手册》里面提到的“告诉者”（Teller），也就是在投票站劝导选民投某个党选票的人。然而她并没有去左右络绎不绝到来的选民的心思，而只是记下他们的编号。

“通过这个记录我可以知道哪些人已经投票了，哪些还没有投，我的团队等会儿会来拿这个本子，工作人员在办公室里就可以联系那些还没有来投票的支持者赶紧投票。我们在大选前已经登门拜访，搜集好我们在这个片区的支持者名单了。”恩格特正在竞选连任这个北伦敦中产阶级生活区的地区议员。她显得信心十足，也比其他竞选人勤劳，只有她一个候选人在投票站门口做这个工作。

数条街道之外的东芬奇利街区，地铁站对面租车行的老板约翰·斯科特（John Scott）也来到投票站门口拜会选民。70岁的他至2010年已经是第二次挑战地方议员职务。“如果今年还不成功，我就会放弃了。下届大选我都75岁了。”作为保守党人，他所在的街区属于工党的地盘。现任地方议员艾莉森·摩尔正同时竞选国会议员和地方议员。斯科特需要和摩尔在地方议员的名额上对决。

事实上，英国的议会民主制与美国的总统制选举最大的不同在于，选民并不是直接选那个上台的首相，而是选他们所在选区的国会议员。全国650个选区选出各自的议员之后，哪个政党的议员多

●2010年5月6日，英国大选投票日清晨，自由民主党人盖尔·恩格特在投票站门口登记投票的选民信息。

并超过半数，该政党就可以上台组阁，从该党当选的议员中遴选内阁各部门大臣。

大选一般在投票日当天里得出结果。结果出来后，大小各级政府网站上的名字就将发生变化。五年一度的重新洗牌看起来没有使这个国家陷入动荡。人们依旧在街道上行走，很多人早早投完票后去上班，去送孩子上学，如果不经过投票站，外人不会觉察出这天有什么异样。

要在这天成为选民，需要提前登记。只要你是年满18岁的英国公民，包括居住在英国的任何英联邦国家和爱尔兰共和国的公民都有选举权。一般的选民根据自己的常住地址（需居住满3个月以上）就近登记，然后会收到选举委员会（Electoral Commission）发来的确认函。选民也可以上网查询自己的登记情况。

英国的世袭贵族在投票这方面受“歧视”，他们不能投票。不过1963年的选举法给了他们“改过自新”的机会，如果他们自愿放弃贵族身份就有权选举议员。此外不能投票的人包括服刑中的罪犯、住院的精神病人等；包括此前选举中犯有腐败行为和非法行为者，均在5年内不得选举议员。如果未提前进行选民登记，则被视为自动放弃选民权利。

学校的学生既可以选择在学校登记投票，也可以选择家庭所在地登记投票，所以学校的票仓经常被视为不稳定的来源之一。其他特殊人员包括军人、海外英国人等，他们可以通过邮政的方式登记及投票。这种方式一般能使投票人比其他人更早见到选票并提早投票。

27岁的克莱尔·沙基（Clare Sharky）便是用邮政方式投票的选民之一。这是她第二次经历大选。家住利物浦的她在伦敦大学学院读书，于是申请了邮政投票的方式。

她从家乡的选举委员会收到了薄薄的一个信封，里面是两张选票和两个供免费回邮的信封。两张选票，一张是选举国会议员，一张是选举地方议员。5月6日这一天，本来是早已定下的地方议员选举日。一个月之前，首相戈登·布朗宣布将在这一天同时进行下院议员选举，也就是英国大选。此举是为了增加投票率，让大家把该投的票在同一天都投了。

克莱尔需要把选票寄回利物浦当地的一个选票回收办公室。这个办公室收到选票之后虽然可以提前进行统计，但需要将结果保密。

投票日来临之前，选民一般会接到各个竞选政党的基层组织的登门拜访，宣传他们的政党，并登记你的投票意向。有的主意已定的住户为了免受滋扰，便在自家门前贴上自己支持政党的招贴画，或者在花圃里插上小旗。投票日前几天，选举委员会会送一张投票卡给你。你凭这张投票卡和一张自己的地址证明就可以在投票日到投票站投票了。

投票站一般设在居民区附近的学校、图书馆等公共场所。被征用的学校和图书馆在投票日关闭。在伦敦，投票站的密度达到了几乎每平方公里有一个。每名选民可以到网上根据自己的邮编查询离自己最近的投票站地址。

自20世纪以来，投票日的惯例是设在周四。这一天是工作日，人们还需要照常上班。所以投票站从早上7点一直开到夜里10点，这样方便人们在早上上班前或者傍晚下班后进行投票。但即使这样，仍然有很多人会拖到最后一刻才去投票。2010年就发生了这样的情况，10点已过，人们还聚集在投票站门口排长队。由于对晚上10点截止投票这一规定的理解不一，有的投票站10点过后就禁止选民投票，有的投票站把还在排队的选民全部邀请进站后关掉大门，让他们还可以继续投票。由于现场混乱，警察出动维持秩序。选举委员会后来对被拒绝的选民表达了歉意。

投票率其实一直是个问题。在西方国家，近半个世纪以来投票率的总体趋势是下降的。就英国的情况说，从1960年代的80%的投票率，跌到2000年的不到60%，2005和2010年略有反弹，均为60%多一点。即使这样，也比投票率一直在50%～60%之间波动的美国要好一些。投票率是一个选举合法性的重要标志，尽管政治科学家们还存在争论，但低投票率通常被认为无法代表广大人民的意愿。为了提高投票率，英国努力地制造各种便利的投票方式。

整个投票过程只需要5分钟。走到家附近的投票站，你只要报上自己的名字，出示投票卡和地址证明，就可以领到一张选票。现场专门设有供填写选票的台子，你只要在你想投的候选人名字后面画上一个叉就行了。注意，是叉而不是打钩，西方人比较喜欢在确认的时候打叉。我认为这是中西文化差异。

选民投完票后，会有媒体调查机构在投票站门口调查选民的投票去向。这叫“Exit Poll”（出口处调查）。就像本文开头提到

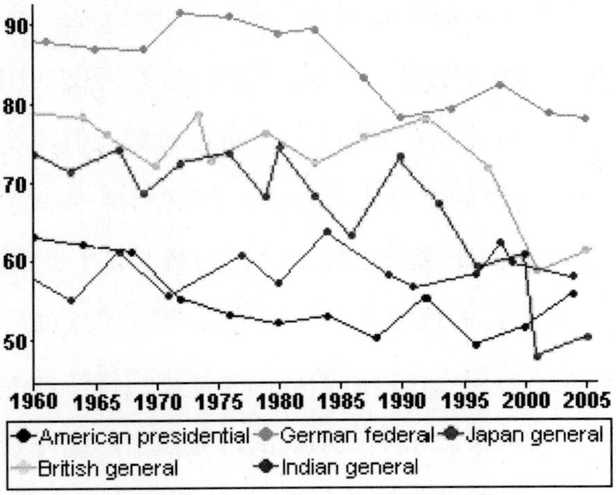

●1960～2005年，美国、德国、日本、英国和印度的大选投票率统计。

的恩格特所做的事情一样。Exit Poll根据样本预测总体结果。这在美国大选中也被广泛应用，而且被认为可信度很高。但在英国却失灵过一次：1992年，保守党候选人约翰·梅杰被预测拿不到过半的席位，结果他却以过半的优势顺利当选首相。

这一次，Exit Poll却大显神威。5月6日当晚10点，投票刚结束，当每个选区的候选人们刚刚集中到计票点等候结果时，大屏幕上的电视直播便吸引了人们的注意：BBC、天空电视台、独立电视台3家权威电视台的“Exit Poll”预测出来了：保守党306票，工党255票，自民党59票，其他政党29票。

这个预测结果一出来就一片哗然：自民党席位居然这么低！比上届62席还低3席？最近风靡一时的“克莱格热”把人们的胃口都吊得老高。这样的预测结果令人意外，众多专家在电视上大呼不相信。另外一个重要发现就是预测清晰地指向了“悬浮议会”（Hung Parliament）这个结果，也即是没有一个政党能取得过半席位的绝对优势上台组阁。

那时博彩公司已经纷纷暗呼命苦，威廉·希尔公司之前开出的出现“悬浮议会”的赔率是6赔4，晚上9点左右已经停止下注。事后他们发现自己损失了500万英镑。

对于候选人来说，这个晚上无疑是非常漫长的。由于选票基本都是由选举委员会招募来的计票员人工计票，速度并不快，少则几个小时，最长的要到第二天中午才出结果。等待他们的是一个不眠之夜。计票一般在地区的会堂举行，候选人和他们的工作人员、支持者都在现场等候。当结果宣布时，现场一般笑泪交加，胜利者发表获胜感言，而失败者也会发表催人泪下的致谢。

三大电视台从夜里9点开始了车轮式直播，一直持续到次日凌晨6点。每当一个选区的结果揭晓，他们就将镜头切换到现场进行直播，同时在屏幕上显示最新的三大党得票情况，请专家即时进行分析。

当天晚上，票数分布越来越接近Exit Poll的预测结果。自民党党魁尼克·克莱格承认他“度过了一个令人失望的夜晚”。最后真正的结果出来了，保守党获得306票，票数第一，但无法过半，而工党（258票）和自民党（57票）加起来的票数也无法过半。这是典型的“悬浮议会”。Exit Poll的误差之小，令人咋舌。

这样一个“悬浮议会”，要怎么处理呢？

悬浮议会：吊住了谁？

“悬浮议会”（Hung Parliament），是一个连研究英国民主的学者都可能感到陌生的名词。而在2010年大选中，它却成为一个炙手可热的新词。

所谓“悬浮议会”，是指在大选之中，没有任何一个政党获得过半数的议席，只能由两个或两个以上的政党组建联合政府，来确保在议会中的多数地位。2010年大选，果真出现了这种情况。

2010年5月6日大选投票日过后，按道理应该在次日凌晨基本结束计票，产生新任首相。没想到计票结果显示，保守党虽然得票最多（306票），却没有达到足够确保卡梅伦上台执政的650票的一半（325票）。工党获得258票，自民党遭受了出人意料的失败，只获得57票。其他28票为其他小党获得，另有一个选区投票因候选人突然去世而推迟。

就这样，在“悬浮议会”的规则下，拥有57票的自民党成了抢手的香饽饽。保守党只要和其联合，就可以以363票超过议会半数席位成立联合政府。而工党理论上也同样可以和自民党及其他小党

●《泰晤士报》刊登的关于"悬浮议会"的讽刺漫画。

联合取得过半席位成立联合政府。

而全世界则对复杂的英国竞选规则有点搞不懂。尽管美国加州州长施瓦辛格早早向他的朋友卡梅伦打电话祝贺，美国总统奥巴马一直不敢公开发出祝贺声明，因为情况一直不明朗。连一些普通英国人都不知怎么回事。一位出租车司机说他搞不懂为什么胜利的那个人还不能上台执政，而两个失败者还可能联合起来把胜利者搞下去。

一时之间，英国新政府的命运掌握在尼克·克莱格这位在大选前电视辩论中声名鹊起的自民党领袖手中。尽管他的政党在选举中失利，这位在大选前历史性的3场电视辩论之中人气暴涨的自民党领袖，被誉为有着"托尼·布莱尔般的亲切笑容"，风头甚至盖过卡梅伦和布朗。他的一举一动引发全国关注，他的倾向将决定谁上台执政。煽情的《独立报》打出的标题是："一个男人和他的时刻"。

克莱格充分利用这个千载难逢的机会让自民党的影响力在联合政府中最大化。本来自民党一直是"千年老三"，罕有入阁执政的机会。现在良机来了，他肯定不会让它溜走。

他的办法就是利用手头57张奇货可居的选票待价而沽。他率先向最大的买主保守党试探出价。5月7日早上11时他便发表讲话，称获得票数第一的保守党有优先组阁权，愿意和保守党谈判。3个小时后，卡梅伦发表讲话热烈地回应克莱格的邀约，称将和自民党"开放、真诚和积极"地商谈。当天下午两人便通了电话，双方高官在当天夜里便直接面谈。

其实保守党和自民党的政见有所不同，比如在移民问题上，保守党想为移民数目每年设置一个限额，自民党则提出要向非法移民者在居住满10年后提供入籍权；在经济问题上，保守党提出要削减60亿英镑的财政预算，自民党反对；在选举制度上，保守党想维持现状，而自民党的最大目的，便是改革选举制度，使制度有利于实力较弱的小党派。

在这期间，布朗也向克莱格提出邀约，克莱格也和他会面商谈。但是工党气数已尽，如果由两个失败者联合上台执政，在合法性上将引人质疑。而工党内部也引发内讧，有一个派别要求布朗提早辞去党领袖职务，该由新人领导工党及早准备下届大选。聪明的克莱格断不会上工党这艘破船。他的算盘只有如何在和保守党建立的联合政府内阁中为自民党拿到更多的位置。

在上台执政的巨大诱惑下，保守党和自民党的分歧显得一切都好说。自民党接受了保守党的移民和财政政策，保守党也表示将在选举制度改革上作出让步，同时在联合政府内阁里面给自民党人多个席位。

经过5天时间，5月11日晚8时，知道大势已去的布朗突然宣布辞去首相职务，显示他对回天无力的局势的豁达接受，并在唐宁街10号首相官邸门前发表感人的“感谢·告别”演说。他和妻子莎拉拉着两个首次与公众见面的幼儿走向等候在一旁的汽车，场面感人泪下。

一个小时后，大卫·卡梅伦接受女王召见，领命组建新政府。他在唐宁街10号门前发表了简短的就职演说，成为近200年来英国最年轻的首相。克莱格也旋即成为了副首相。这个职务并不是英国政府中的常设职务，但卡梅伦需要给克莱格留足这个面子。自民党在新内阁中占了5个重要位置，包括苏格兰大臣、国防大臣、商业大臣、财政第一副大臣等，可谓是对其过低的议席比例的一种有力补偿。

这就是复杂的英国选举体系，这个制度被称为威斯敏斯特制度。事实上，英国的选举制度只规定得票第一的政党即获胜，为什么还要过半数呢？这是因为如果贸然组建一个少数派政府（如1974年的工党首相詹姆斯·卡拉汉），很容易在议会中失去信任。英国的政治制度是议会制，议会拥有监督政府的最高权力。政府必须向议会述职，以其表现获得议会的信任。通常情况下，组建政府的政党是议会中过半数的第一大党，从党性原则来说，他们一般会支持自己政党的政府。如果该政党在议会中不占多数，那么这个少数派政府便面临着被议会投不信任票而解散的危险。

这把悬在头上的达摩克利斯之剑不知何时落下，会影响政府的权威和民众对其的信心，使政府的工作无法顺利开展而且经常面临动荡局面。因此不能获得过半席位的政党一般会联合另外一个党派组建成联合政府，确保两党的席位在议会中占多数，取得一个相对的稳定局面。

当然，合作毕竟是合作，不如一家人来得亲密无间。婚姻有时也会破裂，很多人对保守党和自民党的联姻就并不乐观，认为不出3年他们就会相互离间，无法完成5年的任期。

事实上影响合作的最大障碍，是两党的理念和政策。比如保守党的反移民倾向，保持英国在欧洲独立性的思维，和自民党的接纳移民，向欧洲靠拢的理念并不契合。这届联合政府，是在双方讨价还价之后达成的某种协议。更大的考验在后头，比如出任商业大臣的自民党副领袖文森特·卡布尔（Vincent Cable）虽然入阁，但公开反对卡梅伦削减技术移民数量的计划，认为那将损害英国的经济。

“悬浮议会”其实更应该翻译成“吊起来的议会”，把两个政策主张不尽相同的政党吊到一起执政，他们是逐渐合一，还是别别扭扭地僵持在一起，这要让观察家们拭目以待了。

寻找最公平的选举制度

我所生活的街区，是北伦敦的马斯维尔小山社区，这里一直是自由民主党的天下。2010年成功连任的国会议员琳·费德斯通（Lynne Featherstone）是一名离婚妇女，但她却让这个选区的选民心悦诚服。在新政府里，她刚刚被提拔成为平等权利助理大臣。

像她这样成功的自民党议员在伦敦却不多，将近70个选区里只有7个自民党的成功候选人。大多数人因为在选举中排名第二或第三而名落孙山，离胜利只有一步之遥。加入了联合政府的自民党正在通过改变游戏规则来避免下届大选出现类似的悲剧。

大选之后的一段时间，英国报纸都在讲AV这个词，看起来香艳其实却和女星无关，而且还严肃得很。原来在这里它是“选择投票制”（Alternative Vote）的意思。它正是自民党倡议的新投票制度，而原来是票数最多者当选的“赢者通吃”。

不熟悉选举的朋友可能对各国不同的选举制度觉得头疼。可这个“赢者通吃”是最简单的：在每个选区里，候选人不论得票率是否超过50%，只要得第一名就当选国会议员，然后根据各党派在全国650个选区里的获选的国会议员数量多少来决定谁上台执政。这就是英国议会民主制的特点，选民在选票里直接投的，既不是国王，也不是首相，而是他们各自选区的议员。

但细想一下，这样的制度存在什么问题呢？那就是获胜者可能无法代表其选区大多数选民的选择。最极端的例子发生在1992年，苏格兰高地首府因弗内斯选区，自由民主党、工党、苏格兰国家党和保守党的候选人形成混战局面，得票率分别在26.0%、25.1%、24.7%和22.6%。最终获胜的自民党候选人得票数只比第二名多458票。这样选出的议员能让选民信服吗？而且这一制度保证了大党的利益，小党派一般很难打破它们的垄断。

自由民主党是“赢者通吃”制度最大的受害者。因为它历来是英国第三大党，排在轮流坐庄的保守党和工党后面无法翻身。在每个选区，它经常排名第二、第三，得票率和获胜者相差不大，却就是无法当选国会议员。本来这次大选，凭借领袖尼克·克莱格在电视辩论上散发出来的个人魅力，他们原本希望能够扭转局势。结果反倒蚀了把米，获得的议席比上届大选还少了5个。虽然自民党总共获得全国选民23%票数的支持，但获得的议席数却只有9%。所以自民党在和保守党谈判组建联合政府时，最大的谈判要求就是改革目前的选举制度，转而采用“选择投票制”。

“选择投票制”对自民党有什么好处呢？这要从它的机制来看。所谓“选择投票制”，是要求选民在投票时，不是只选最心仪的候选人，而是要投票给自己心目中的前三名，以1、2、3标记好。最后计票的时候，要求获胜者得票率要超过50%。如果所有候选人都达不到怎么办呢？把最后一名候选人淘汰掉，从他得到的票数里挑出选民的第二选择，把票数加到前面各个候选人身上，这样循环往复，直到累计出一名超过50%的候选人为止。

这样的做法，理论上应该是公平点。获胜的候选人能够在某种程度上得到大多数选民的支持。比起简单的“赢者通吃”制度，自民党也有更多的机会后来居上。根据BBC的模型推算，如果采用这个制度，以往6届大选，自民党都会增加十几二十个的议席。但这个办法的缺点就是繁琐。对于目前尚实行人工计票的英国来说，这样的循环相加不知要多耗费多少时间，多增加多少人力，甚至提高多少差错率。投票第二天早上就出结果的历史传统说不定会被改变。

即使采取“选择投票制”，也不一定能改变自民党在总得票率和议席数上的不平衡局面。归根结底，是因为英国是议会民主制国家，执政党是由国会议员数量决定，而不是像总统制的美国，总统直接由每个选民的投票去向产生。所以英国的执政党其实通常只有百分之三十几的全民支持率。但这不妨碍英国民主制度的稳步发展。

用AV（也就是“选择投票制”）代替简单多数制的提议已经列入新一届政府的施政纲领，由英女王在新一届政府上台之时宣读。但具体步骤究竟怎么走，还不得而知。

世界上所有的民主制度，都是结合本国国情的产物，既有英国、日本这样的君主立宪议会制，又有美国这样的强权总统制，还有法国、俄罗斯代表的半议会半总统制。最公平的选举制度？未必有，但不妨碍每个国家不断调整自己的选举制度，这才是民主推陈出新不断发展的原动力体现。

未来的对决：英国政坛的60后

那是伦敦自1996年来最寒冷的5月夜晚，室外气温低到零摄氏度。59岁的戈登·布朗和妻子莎拉在唐宁街10号门前发表“感谢·告别”演说，然后拉着6岁和3岁的两个儿子蹒跚走向等候在旁的汽车，情景令人心酸。

一个小时后，不知唐宁街10号里面是否已经收拾停当，但这所著名的寓所已经换了主人。新主人，43岁的大卫·卡梅伦发表了他当选英国首相的就职演说。20年前的这个时候，他还是一名刚踏出校门两年的年轻人，在保守党的研究部门做一名初级研究员，和很多年轻人一样心怀“奋斗”的梦想，但现实同样严酷：每天需要4点45分起床去上班，一做便是5年。

在那个时候，今天的副首相尼克·克莱格则已经是一位成熟的记者，剑桥毕业，又在美国和比利时拿到两个硕士学位后，他在《金融时报》干得正欢，被派到匈牙利采访在共产主义制度下转型的工业私有化浪潮，还获得了报道奖。

而后来成为卡梅伦政治伙伴兼密友的乔治·奥斯本，还在伦敦

●埃德·米利邦德：埃德·米利邦德击败了哥哥大卫，接替布朗出任工党新领袖，将和大卫·卡梅伦竞逐下届首相宝座。

牛津街最大的百货公司Selfridge当售货员，他想和克莱格一样到《金融时报》工作，但面试被拒。就在这个时候，他忽然接到了保守党研究部门的电话，通知他有一个职位空缺。现在，在这个5月的夜晚，他成了一位40岁不到的财政大臣，准备带领英国经济这艘古旧的大船渡过金融危机的惊涛骇浪。

就在布朗挥手告别的时候，另一位大卫，和卡梅伦同岁兼牛津同级校友的大卫·米利邦德正摩拳擦掌想成为工党新一任的党魁，冲击下届大选。这位前英国外交大臣有英俊的外表，语速急促。不过他最大的对手，竟然是小他4岁的亲生弟弟，前能源和气候大臣埃德·米利邦德。他们是70年来英国第一次同时出现在内阁成员中的同胞兄弟。

这对同胞兄弟自2010年5月开始就双双正式宣布参选工党领袖。一开始哥哥大卫一路领先，人们纷纷猜想，下一届大选，可能是大卫·米利邦德与大卫·卡梅伦两位大卫之争。

没想到情况在9月急剧变化。弟弟埃德得到了工党里面大多数工会的选票支持，最终以1.3%的微弱优势击败哥哥，当选为工党的新领袖。

米利邦德兄弟都是人中龙凤。他们先后毕业于牛津大学著名的哲学、政治、经济专业本科，与大卫·卡梅伦是系友。大卫·米利邦德还到美国麻省理工学院读了研究生，而埃德则选择了父亲的学校LSE就读经济学研究生。

兄弟俩都在1990年代初工党进入“布莱尔时代”时获得了机会。大卫顺利当上了英国外交大臣，我曾亲眼看到他在威斯敏斯特议会演讲。而埃德早早追随了戈登·布朗，成为他的御用写手。尽管他在5年前才第一次当选下院议员，但他的从政经历已达17年。现在，这位专门撰写演讲稿出身的工党领袖，在议会里发言是不是不用他人代笔了呢？

这一批政治上的“年轻人”，都是1965年以后出生，全面构成了英国今日政坛的新阵容。放在中国，这是“文革”前后出生的一代人，这代人也经历过不少的跌宕起伏。

这些青年才俊，几乎个个出身贵胄之家，像卡梅伦便是英王威廉四世的直系后代，而克莱格的祖母则是沙皇时期的俄罗斯贵族。他们都接受了良好教育，不是牛津便是剑桥，而且牛津帮占压倒性多数。相比之下，布朗毕业的爱丁堡大学显得另类。在牛津时期，卡梅伦是学院网球队队长，整天组织派对，和中国的大学生一样，享有幸福的1980年代。他们在酒酣耳热之际指点江山，殊不知今后的江山也果真是他们的。卡梅伦的同班同学鲍里斯·约翰逊，后来也成为了伦敦市长。他们俩保持喜欢骑自行车的习惯一直至今，现在当了首相的卡梅伦会不会再骑自行车去议会上班呢？

随着世界发生大转折的1990年代的到来，他们都毕业了，青春热血，却发现政局更迭，乱世纷纭。全球政治格局大变，而“铁娘子”撒切尔夫人在英国11年稳定的统治到了尽头。新上任的约翰·梅杰缺乏魄力，统治不稳，还卷入伊拉克战争。蛰伏多年的工党在年轻气盛的布莱尔上任后谋求夺权。卡梅伦们在乱世下一般都只能从卑微的工作开始。但旋即，1997年大选之前数年，机会来临，他们分别进入党部，几乎都从做党魁的助手或者秘书起家，迅速在内部蹿升，10年内均成为内阁大臣或者党魁。

如今又是一个乱世，金融风暴使全球经济震荡，英国损失惨重，民怨沸腾。这是历史为加速这些年轻人上台提供的契机，也是考验他们的机会。大国格局正在发生变化，英国如何和美国、欧盟、中国这些大伙伴相处，同时保持一直以来引以为荣的独立性，是这些年轻人的历史使命。

幸好这一批新政治精英或多或少有一些海外经历，甚至在海外接受教育。像克莱格和米利邦德兄弟都在美国接受过研究生教育。克莱格还在比利时欧洲议会工作10年，通晓5国语言，娶了个西班牙太太。即使是卡梅伦，也曾在高中毕业后，到香港怡和洋行做过3个月的实习生。他们一改过去英国政客原汁原味土生土长的形象，其海外经历将有助于他们更成熟地处理国际事务。

从布朗到卡梅伦，这相隔10多年的两代人，从成长背景到观念意识都颇为不同，这种差异势必对英国未来政局走势产生重大影响。

在他们和1951年出生的布朗之间，形成了巨大的真空。即使是1961年出生的前保守党党魁威廉·黑格，也得投靠后任卡梅伦才得以担任新魁外交大臣。这背后原因看似偶然，却又有一些历史的必然。

卡梅伦的低薪与遇冷的公务员

英国首相大卫·卡梅伦拿多少薪水？答案是每年14.25万英镑，比他的前任布朗少了5万英镑左右。据说这是布朗在下台前签署的一项法令，因为经济不好，首相要带头降薪。

这笔薪水多不多？说它多，是约为英国普通人的6倍，是国会议员的两倍，其他大臣比他少1万多英镑。说它少，光一个国有电视台BBC（类似我们的CCTV）里面就有50名高管或主持人赚的比首相多，BBC的老总年薪达到50万英镑以上。同时，大学校长的年薪也通常在四五十万英镑。而在国家医疗系统（NHS）里面，医生大多能达到二三十万英镑的年收入。然而最让人难以想象的，还是在现任政府里，有172个公务员年薪都比卡梅伦高。这首相还有动力干活吗？

然而这却是英国公务员制度的特色所在。要理解这种怪现象，得先了解英国的政府结构。首先政府内阁和政府部门的公务员属不同的系统。内阁约120人左右，是由议会占多数议席的政党任命的，包括管理各部门的大臣，但这批人并不属于公务员。

而政府部门的工作人员，才是真正的公务员，大约有50万人，不随每次大选换届，谁上台就为谁服务。每个部门的公务员还有一个头儿，叫做永久秘书长（Permanent Secretary），这个人和该部门在任的内阁大臣一起管理部门。虽然职位名义上比大臣低，他却有权解雇他手下的公务员，而大臣没有。他赚的比首相和大臣还多，一般年薪都达到15万英镑以上。特殊的部门，比如专业要求比较高的，像卫生部门、国防部门等，年薪都达到25万英镑以上。伦敦警察局长保罗·斯蒂芬森的年薪达到28万英镑。除了这个永久秘书长，部门里还有一些高管也收入较高，这就是总共有172名公务员工资比卡梅伦高的原因所在。

但是读者还有疑问，英国政府为什么要出这么多钱养这些永久高级公务员？原来政府的工作，也只是白领们的一种选择而已。同一行业的私营公司，薪水通常比公务员要高。金融城里面的高管，年薪数十万到过百万英镑的比比皆是。政府需要用一定的薪水来留住人才，这也是为什么BBC的高管拿那么多薪水，引起交电视税的国民的愤怒，却一直降薪降不下来的原因。政府认为如果高管流失，BBC的节目质量也无法得到保证。

但这种相对高薪，也仅仅限于高级公务员。高级公务员的人数只占公务员队伍的0.9%，能像他们一样拿高薪的公务员凤毛麟角。普通的公务员薪水很低，大多数人年薪在2万到3万英镑之间，低于同行业的社会水平。据2009年英国国家统计局的报告，公务员的中位数年薪为22100英镑，比2008年仅仅涨了540英镑。

做公务员除了薪水低，而且还抛头露面，政策限制比较多，稍有不慎还容易被小报揭露出丑闻，这使得一般人并不是那么倾向于选择这行，特别是在私营领域已经有所成就的高管们。公务员如果要竞选议员的话，还需要先辞职，以确保政府的中立公正。这种情况下，政府只能用比较优厚的退休金计划作为他们招徕人才的筹码。但很多人做不了一辈子那么长，往往中途离职另觅高枝。这个比例超过了60%。一个统计数字正好说明这个事实，自2008年3月到2009年3月一年之间，有41560人加入了公务员队伍，但同时也有39007人离职。

更有甚者，在风雨飘摇的经济危机年代，政府要削减财政预算，先动刀的也是公务员。卡梅伦和克莱格的联合政府为了达到削减62亿财政预算的目的，计划将目前50万英国公务员裁员5万，裁员后英国的公务员数量将达到二战后的历史最低水平。留下来的公务员还要将年度工作表现和奖金挂钩。如此一来，公务员在英国也不是一个保险的铁饭碗了。

这种情况下，公务员根本成不了青年的择业热门。他们最热衷的是去金融城，或者做那些有一技之长的科技、化工、艺术等行业。我认识的英国青年没听说过有几个考虑过考公务员的，这和中国风起云涌的公务员热形成了鲜明的对比。

最后补充一点，读者也不用为卡梅伦们的“低薪”着急，他们拿的薪水更多是象征性的。从政在英国社会是一种不图经济利益的选择，而又确实是一种富人的游戏。联合政府23名内阁中，就有18名百万富翁。卡梅伦的家产340万英镑，仅排名第六。克莱格凭着他父亲是银行家有些家底，加上妻子是个著名律师，也以180万英镑上榜。这些财产在内阁上任之初就公示于众，以获取人民的信任。即使这届政府下台了，首相和大臣们还可以出版回忆录，或者受邀到处演讲，也能有不少收入，所以他们不会太在意目前的低年薪。

大社会，小政府？

我第一次见到60岁的盖尔·恩格特夫人，是在2010年5月6日，英国大选日那天。在我家附近北伦敦马斯维尔小山图书馆的门口，还有点寒冷的清晨7点钟，我看到她披上了冬天的大衣站在已经临时改为投票站的图书馆门口，记录着每个前来投票的选民的编号。

那一天是地方议员和国会议员放在一起选举的日子。这样的安排是为了彼此提高两项选举的投票率。恩格特站在投票站门口，既是为了帮她所属的自由民主党争取更多选民，也是为自己连任马斯维尔地区议员而拉票。

地方议员4年竞选一次。恩格特是在4年前当选的。而她的丈夫，马丁·牛顿，已经在相邻的一个街区佛蒂斯格林当地方议员26年了。夫妇俩平时在这个地区经营一间艺术设计公司。

当地方议员是不拿工资的，只有每月约1000英镑的补贴——大概是半份社会平均工资。所以这个工作特别适合私营业主、退休的资深人士、家庭主妇或者社区的政治活跃分子。典型的地方议员通常是上了年纪的中产阶级白人男士。但现在，也有一些年轻力量加了进来，他们把当地方议员作为向威斯敏斯特议会进发的第一步——大约有40%的工党和20%的保守党国会议员当过地方议员。

每个街区通常有3个地方议员，他们构成一个类似中国街道居委会的组织，在英国的政治构里，这就是最低一级的政治机构了。他们和所属地区的其他各街道地方议员，根据地区大小规模在30～100人不等，加起来组成一个委员会，就构成了这个地区的地方政府。地方政府的领导人也由这个委员会的所有成员选举产生。在伦敦的各大区之中，这种模式最为通行。

地方议员的职责，是每周举行一次居民见面会。有问题要求助或者申诉的居民，可以到议员的办公点去“就诊”。地区委员会则每月举行一次例会，讨论地区的各项事宜。如果你不加以注意，你很难意识到他们的存在。

在西方国家里面，英国属于对地方放权最少的一类。国家掌握了立法、财政以及教育、卫生等公共行业的决定权，留给地方政府框里可供发挥的余地不大。一个地方政府要兴建学校、医院等计划需要得到国家一级的批复。同时，中央对划拨到地方的资金支出有具体的去向和限额，如果有违背行为则会取消支持。这与美国各州可以制定自己的法律相去甚远。

支持者认为国家的集权有利于提高全社会的效率，而反对者则认为地方组织活力受困于这些过度集权，人民对政治的参与热情受阻。最近的历届地方议员选举，投票率都维持在40%左右的

●马斯维尔小山地区的自由民主党地方议员恩格特夫人。

低迷状态。选民日常感觉到的是无处不在的国家议题，电视里谈的都是整个英国的问题，出现的也都是威斯敏斯特的议员们，而地方议员的作用通常被忽略了。

在竞选中就提出增加地方权力的现任首相大卫·卡梅伦决心改变这种情况。他提出了他的“大社会”计划，声称要将国家的权力从威斯敏斯特的精英们交到街道上的普通人手中。他的计划是让人们对地方财政有更多的决定权，鼓励地方居民经营酒吧等商业设施，同时鼓励招募志愿者协助管理邮局、图书馆等公共设施，使博物馆等场所能延长开放时间等。他还提出建立一个“大社会银行”来帮助地方的慈善组织、志愿者组织等解决资金难题。

光从公布的这些计划来看，其实并没有太多的实质内容。卡梅伦的计划被批评为保守党和自民党联合政府削减公共财政开支之后的代替品——他们想让免费的志愿者来保持提供公共服务。作为撒切尔夫人的追随者，卡梅伦从传统的保守党理念出发，认为政府要小，个人和社会要大。撒切尔夫人当年的政策，是将国有企业、住房等进行私有化。而卡梅伦的这一计划，是想将公共服务社会化，慈善化。

这种让政府“做得更少”的做法，也引发了还处在经济危机中的民众的担忧。他们认为这并不是真正的放权于地方，而只是一种责任的转移。地方政府在中央和民众的夹缝中，作用会更加边缘化。

恩格特对我说，她做地方议员，并不是为了能决定什么事情，而是一种在社区中的“存在感”。她也没有进军威斯敏斯特议会的雄心。“或许以后，地方政府都是由这些和我一样真正愿意为邻居们服务的长者来构成吧。”她笑着说。

占住者与社会公屋

我居住的马斯维尔小山地区在2010年1月初发生一件诡异的事。有一对夫妇朱丽安和萨曼莎和他们3个孩子到外地过完圣诞假期回来，发现他们的房子被一个九口之家占据了。询问之下，得到的回答是他们刚从别人的手里租下这房子。

自己的房子怎么会忽然被人租去呢？原来是他们出行时房子忘记锁门，便被Squatter乘虚而入了。朱丽安和萨曼莎明白他们的房子是被占住了，心中不免暗暗叫苦。虽然可以通过法律途径重新取回自己的房子，但这个官司过程漫长，一家五口眼看没有着落，就要流落街头了。

所谓Squatter，中文还没有一个恰切的译名，只能根据意思翻译为“擅自占据土地、房屋的人”。他们并不是通过暴力闯入他人房屋，而是利用他人外出忘记关门等时机进入他们的房屋并住下。这在英格兰和威尔士是合法行为，在世界上多个国家也有传统。

英国法律对“进入他人房屋”的方式有详细的规定，即不能通过暴力撬锁、破窗等方式，需要至少有一条专属的通道进入房屋，而且能从里面锁上房屋。更让人难以理解的是，如果占住者连续住满12年以上，可以向法院申请该房产为其所有。

房屋的原主人可以通过向法庭提供各种文件来取回房屋。但这个过程可能需要一个月甚至半年之久。许多屋主往往通过私了的方式解决问题，给这些占据者一些钱物恩惠，让他们自行离开。

占住行为在近来的重新兴起，是因为全球性的经济危机在英国挥之不去，越来越多的人失业，付不起房租，于是重拾这种古老的行为方式。

占住行为在英格兰可以追溯到1640年代英格兰内战时期的掘地派运动，掘地派将其作为一种反土豪的对抗方式。而在二战之后，大量因为战事而废弃的民宅、工事、碉堡等被流离失所的难民占据为住宅，这些物业慢慢变成他们个人所有。到了1960年代，嬉皮浪潮的风行，艺术人群急剧扩大。他们往往行为乖张，又囊中羞涩，占住便成为他们最好的行为艺术。他们经常把占住的地区变成涂鸦艺术圣地，还前后串联，在一些地区形成“艺术村”之势。而到了近十年，占住主要是非法移民、社会失业阶层打的主意。

那么英国政府如何减少这种情况发生呢？政府主要是提供社会公屋给贫困人口。这种做法在公元10世纪就已经施行。19世纪晚期英国政府重新开始大规模建设公屋，二战之后的20世纪50年代更是达到巅峰。1979年撒切尔夫人上台后，曾经推行过居者自买的政策，以市价的60%乃至更低的价格卖给住在里面的人，以此推行她推崇的“去国有化”。

曾经在伦敦伊斯灵顿和巴内特地方委员会负责公屋分配事务的理查德·盖尔说，公屋一般是两房一厅或者三房一厅，租价约为市价的1/3。七八十平方米的一套房子，租金仅为每月400英镑以下（约合4000元人民币）。房屋内部条件不错，由地方委员会负责维护。家具则为租赁者自配。

一般来说，数口之家的失业者家庭比较容易获得房屋分配。年轻人则难度较高，除非是失业单亲妈妈等特殊情况。而伦敦地区的公屋供应很紧张，以马斯维尔小山地区所在哈令吉区为例，公屋供应量约为15000套，但目前还有另外15000户家庭在排队。英国北部情况好些，如果这些家庭愿意离开伦敦去伯明翰，他们更有机会分到房子。

对处于等待长队的家庭来说，他们不愿看到的现实是，经济学上的“道德风险”（Moral Hazard）正在起作用，分配到房子的家庭，他们变得有惰性不愿去改善自己的住宿条件，甚至不愿意努力工作。即使他们后来经济情况改善，或者孩子长大后搬出去，政府也没有一个有效的追查机制来追回他们的公屋让给新的有需要的家庭。这也是撒切尔夫人试图将公屋私有化的初衷。2007年，伦敦政经学院受政府委托的研究小组已经在其报告中向政府提议建立追查机制，但还未有下文。

对于社会公屋来说，占住者同样是原住户的梦魇。由于公屋的住户等于是政府的租客，他们的房子一旦因为不慎被占住，要向法院出具相关的产权文件更为困难。所以地方委员会不得不派出巡逻队，巡视哪些房子忘记关门。如果哪间房屋被占住了，排长队的家庭更加要跳脚了。

公费教育与精英教育

刚到伦敦的时候，我儿子才4岁。这个年龄在英国刚好进入小学的Reception年级，也就相当于学前班。一年后便可以就读小学一年级。英国的小学教育是在孩子5～11岁完成的。

Reception和公立小学教育一样，都是免费的。外国人也可以申请。幼儿园则有部分是收费的，国家会提供一些补贴，但对于一些收费较高的幼儿园来说，这笔补贴大概只够每周去两天的水平。

我们居住在伦敦两个大区——巴内特（Barnet）和哈令吉（Haringey）的交界。尽管从行政区划来说，我们属于哈令吉区，但我们仍然可以同时申请这两个区的学校，只需要离家较近，并不会像国内一样，户口属于哪个区就铁板钉钉，一街之隔便徒叹奈何。

刚来的时候，我一开始就给两个大区的教育委员会分别打电话，由于儿子到达的时候，学期已经开始，我们的情况属于“随机录取”（Casual Admission），需要等待有空缺位置才能进校。

两个教育委员会都把他们所辖学校的情况介绍寄给我，并附上报名表。巴内特教育委员会还细心地附上了免邮费信封，让我把报名表寄回去。在报名表里，你可以填3个学校志愿。

学校也分教会学校和非教会学校，虽然它们都是广泛招生，但教会学校会增加做礼拜的活动。这就需要家长们自己选择了。这些信息也在学校情况介绍里说明了。

此外，里面还附上了学校以往的录取情况，报名人数多少，录取人数多少。报名人数大概都是录取人数的3倍以上，看起来这两个区的教育质量都比较好，所以来读的人也比较多。我不禁有小小的担心。

没想到，报名表寄出没多久，我就接到了一个电话。巴内特教育委员会告诉我东芬奇利的马丁小学有了一个名额，问我是否接受。这个小学是我为儿子填写的第一志愿，我当然相当高兴地接受了。于是对方告诉我马丁小学的老师会直接联系我。

没隔几分钟，电话又响了，果真就是马丁小学的老师打过来的。她询问我儿子几时可以上学，还特地给他留出倒时差和适应的时间。

这所马丁小学有80年的历史，撒切尔夫人曾经视察过这个学校。学校规模不是很大，每个年级一般有两个班，每个班也就30多个学生。教室很温馨，还有一个几乎接近专业水平的室外足球场。

有一次，我去我们家附近的巴内特足球俱乐部看球赛，碰见一位老球迷。她和我说，她就是70年前马丁小学毕业的。那时，所有的学生都是英国人。

而现在，马丁小学基本是一个小联合国。有英国孩子，也有不少东欧移民儿童，还有像菲律宾、印度等亚裔。儿子是里面唯一的中国儿童。这所学校和广东顺德一所小学有合作联系，校长海伦还访问过中国，与顺德那所小学进行交流活动。

儿子在英国的小学生生活就这么开始了。由于是公费教育，不用交学杂费，只需交校服和运动服费用。收费的午餐是可选的，也可以自带。

这一套公立教育体系在英国已有数百年的历史。1880年的《基础教育法》便使130年前的英国规定了5～10岁儿童的免费义

●我儿子就读的伦敦马丁小学。

务教育。之后的百余年，义务教育年龄的上限不断提升，1973年开始实施一直沿用到目前的5～16岁免费义务教育。而从2013年开始，免费义务教育将提升到5～18岁。

1988年的《教育改革法》引入了国家课程大纲，规定公立学校必须采用统一的课程大纲，并在小学二年级、六年级小学升初中、初中升高中、高中升预科时进行全国统一考试。前两项统一考试据老师和家长反映给小学生造成了过大的压力，所以教育部门一直发文说考试前不得进行突击培训，甚至在考虑彻底取消这两项考试。要知道，英国的小学教育其实基本是没有什么考试的。

小升初考试之后，成绩优秀的学生可以进入公立的“语法学校”（Grammar School）。这种学校类似于尖子学校，申请上名牌大学的几率比较高。而普通的学校，则被称为Comprehensive State School。

私立学校执行的是自己的另一套体系。在英国这个历来社会阶级分野明显的国度，教育自然也是一个打上鲜明阶级烙印的领域。93%的英国儿童都就读于公立学校，而7%的儿童上私立学校，一般是富人的孩子。收费一般在每年2万～3万英镑，超过英国人平均的年收入。不过他们通常会提供一部分奖学金。私立学校历史传统悠久，师资实力雄厚，是众多贵族和富豪培养自己子弟的不二选择。

传统的私立学校通常是全男校，或者全女校。但现在也有越来越多的学校不分性别招生。最著名的伊顿公学只招收13岁以上的男生。现任首相大卫·卡梅伦便是伊顿公学历史上涌现的第19位首相。包括威廉王子、哈里王子等王室成员也大多毕业于此校。而现任副首相尼克·克莱格则毕业于另一著名私立学校威斯敏斯特学校。

在2010年大选之中，35%的国会议员来自这仅占7%的私立学校，其效应可见一斑。而在29名内阁之中，更有18人（62%）来自私立学校。出身于伊顿公学的本届议员达到20人。

而读私立学校的直接成果当然是容易申请上剑桥牛津这样的名校。28%的国会议员来自牛津剑桥，而在内阁中，这个数字则达到了惊人的69%。英国议会真是名副其实的精英政治，基本都被“牛剑”校友把持了。

当然，这是保守党和自民党政府在台上的结果。传统上的纯种保守党政府，“牛剑”比例更高，约翰·梅杰时期是71%，而撒切尔夫人时期是81%！对比工党政府，你就知道差别有多悬殊，布莱尔时期的政府内阁，居然只有16%的大臣来自“牛剑”，而布朗时期这个比例是45%。两大党派所代表的社会阶层仍然差异巨大。

这就是英国的教育现状。免费的长期义务教育（从学前班到大学预科）使大多数儿童享受了受教育的权利。而真正的精英则来自昂贵的私立学校。其实这一现象早已开始全球化，比如说国内，在九年义务教育还未完全贯彻好的情况下，天价的贵族学校已经满天飞了。

英国医疗：免费午餐还能持续多久

对于我5岁的孩子来说，在英国最神奇的事之一是救护车不是白色的，而是带条纹的明黄色。这大大颠覆了他原来的印象。

其实不只救护车的颜色不同，整套医疗系统和中国也不一样。英国实行的是一套叫做NHS的国家卫生服务制度。它以社区医生（英国称为GP）为中心，为国民，包括居留12个月以上的外国居民提供免费医疗服务。

在我们最初安顿下来时，服务机构便提供了附近可供注册的诊所名册。加入NHS计划需要先选择一个诊所注册。注册其实非常简单，只要填写自己的地址、身体情况、过往病史、家族病史等信息，再让医生过目，询问一下情况就算登记在案了，你便可以享受社区医生的健康服务了。

每一个诊所其实只有一名主治医生。他是通过层层的资格考试和严格选拔才可出来执业，几乎都是全科，包治百病的样子。他的工资也高得出奇，年薪在二三十万英镑之间，是首相大卫·卡梅伦的两倍。

医生通常也配有一个助理医生，有时帮帮他的忙。但大部分时间，这位医生要在周一到周五从早上7点坐到下午5点。7点档是近半年来新加上的，因为看病的人实在太多了，每天的预约都爆满，所以不得不把接待时间从原来的早8点提前到7点。

预约也是一个有趣的过程。对于一般的病痛，病人或其家属需在每天早上8点半开始拨打诊所的电话，人工预约当天的一个时间段，到诊所看病。每个时间段其实只有15分钟，过时不候，也只能为一人所用。如果你既想自己看病又想让孩子看病，要约上两个时间段。预约的时候只要报上名字和生日，接线员就能从数据库中调出你的档案进行登记。但是预约一向相当火爆，基本上从8点半开始的半个小时内就会把当天的所有的时间段都约完。如果你稍晚

●位于北伦敦的樱桃树诊所

一点打电话，就只能预约到下周的某个时间段，那是接线员提前预留出来的。你如果急着看病的话，接线员会鼓励你明天早点打电话过来。

诊所其实非常袖珍，通常设在居民区中一座不起眼的房子，门口挂着诊所的名字和医生的名字，比如我们注册的诊所就是樱桃树诊所的德塞利医生。诊所里面只有几个房间。一进去是前台和等候区，通常还会摆上一些玩具供儿童打发等候的无聊时间，也有设计得非常精美的各种医疗知识宣传和服务宣传册。

等候区通常是非常寂静的，有礼貌的英国人不会在公众场合高声说话。前台的墙壁上有一个滚动屏幕，轮到哪一位病人就诊的时候就会显示名字。然后病人就到里面的医生房间里就诊。医生通常都很和气，他会询问你的病情之后给你开药。你就拿着药单自己到市面上任一家药房去取药。16岁以下的儿童，所有就诊治疗和药物都免费。16岁以上的成年人，则是就诊治疗免费，药物要自己掏钱购买。需要做身体检查的话，医生会开单让你到指定的医院做检查，然后等结果出来后约你下一次再来就诊。每个人的病历都保存在诊所里，是个人隐私的一部分。

至于其他的紧急情况，包括生育服务等，则有大型的地区医院提供服务。我的中国邻居便在伦敦生了一个小宝宝，同样所有费用都免收，而且有很大的病房供休息。不知这个小宝宝长大后会不会到北伦敦那间有150多年历史的惠廷顿医院寻找其诞生地及其昔日的踪迹呢？

这一套颇具共产主义色彩的国家医疗体系，其实是工党在

1920年代上台后开始倡导的国家干预的产物。在1930年代，最低工资制、义务教育、国家医疗都是工党强化并实施的政策，最后为英国历届政府沿用。不管保守党还是工党上台，都不会轻易向NHS动刀，因为它关系到民众的切身健康利益。

不过，最近的经济危机持续，新上台的卡梅伦政府就不得不实施财政预算大幅缩减的计划，高达1158.5亿英镑的NHS也是目标之一，因为它在总额为6692亿的政府财政预算中占了1/6，是除工作保障和养老金之外的第二大头。财政大臣奥斯本的目标是从总预算中削减490亿。他的剪刀会向哪一块下手呢？《卫报》把这个选择题留给了它的读者，在网站上做了一个多媒体动态图表，让读者自己选择可削减的预算，让读者体会做财政大臣的风光和难处。相信大多数读者在向NHS挥动剪刀时心里都会“咯噔”一下吧。

英国的华人生活

某一天我看本地的人口统计情况，发现有0.8%的华人，也就是80人左右，生活在马斯维尔这个1万人口的北伦敦社区。平时，在这个以白人为主的中产阶级社区，我是见不到几个华人面孔的。我不知这80个华人在本区是怎么生活的，又做着什么样的工作。我只见到两间中餐外卖店，一家装修不错但门可罗雀的中餐馆，以及一家中医按摩店。

在地铁一站之外的芬奇利中心区，倒聚集着一个日本人社区，大约有7000人之众。他们经营的最主要的产业，在我看来是发廊。日本潮流在亚洲人中广泛的人气基础，使他们几乎包办了本区亚洲人的头发问题。而地铁里，也能见到不少日本上班族，甚至去读书的日本学生，在读着日文漫画书。我不知道他们的英语水平怎么样。只是有一次，我见到两位衣着时尚的BBC少女（BBC指英国出生的华人），说着流行的英国口语，还包含了充满感叹色彩的粗口Bloody Hell。我想如果我的儿子长期待在英国，会不会也变成这样，他们的身份认同问题怎么解决？

●位于伦敦的莱斯特广场的唐人街是寸土寸金的地方，食肆林立。

在英国，移民的身份认同问题显得比美国、加拿大和澳大利亚等国家更为严重，因为它本不是一个传统意义上的移民国家，而是一个人口拥挤、资源有限的岛国，所以移民的数量其实是比美加澳这些国家少很多的。作为一个面积仅为24万平方公里，约等于1.5个广东省大小的国家，他们拥有6000多万人口，在西欧和法国竞争第二的位置，而法国的面积要比英国大上一倍不止。

在这6000多万人口中，有92%是纯种白种人，类似于汉族在中国的比例。其他8%便是移民了。这8%中，大多数又是印度、巴基斯坦人种，占去了5%，他们都是沾上了殖民地的光，早年移民过去。剩下的2%，就分给非洲黑人、加勒比海黑人、亚洲人等。华人约有四五十万，约占1%。比起美国的300万人来说，自然力量薄弱不少。

英国的华人社区，主要集中在伦敦、利物浦、曼彻斯特三地的唐人街。其中利物浦唐人街号称欧洲最古老，因为早期的通商和黑奴贸易都是从那里发展起来的。曼彻斯特唐人街号称最大，因为它是北方重镇，但在我眼里都不如伦敦唐人街繁华。

伦敦唐人街其实就是爵禄街等附近几条小街道组成的一片华人社区，也有通常矗立在唐人街的那种金碧辉煌的牌坊，里面主要是商铺。但不要小视这几条小马路，它所处的地段莱斯特广场（Leicester Square）可是寸土寸金，是伦敦最著名的西区剧院所在地。周围林立着数十家音乐剧戏院，比如著名的“妈妈咪呀”、“狮子王”、“奥利弗”等。这些剧院都是每间只放一部剧，数十年如一日，积累无数口碑。全世界的潮人纷至沓来，把这里挤得接踵摩肩，不比上海的豫园、广州的上下九差。更何况旁边众多的新电影院，是好莱坞大片到英国宣传的惯例第一站，珠光闪闪的大明星都来这里走红地毯，引来无数影迷聚集观看。所以唐人街所在之地真是价值连城，人气极旺。

连一位哈萨克斯坦邻居都向我感叹，别的国家移民聚居区一般在城市边缘，怎么中国人就老能挑城市最中心地方，在莫斯科如此，在纽约也如此，没想到伦敦也如此。我想了想，中国人来得早，而且中国人会做生意，做生意当然要挑地段最好的地方了。

可是表面的繁华其实只是浮云。唐人街的商业，最多也就是中餐馆、超市、服装饰品、电脑维修店等，并没有进入核心的商业阶层。虽然在金融城的白领中，有一小部分是华人，但毕竟是凤毛麟角。大多数的华人在英国，也只能做这些底层的工作。即使是国家的社会服务行业，我也很少看到华人面孔。有一次我到一家公立医院体检，看到前台是一位华人小伙子，都觉得非常难得。而在美国，华人已经上至政府部长，下至普通公务员了。

相比印巴移民，他们天生有会英语的优势，而且群体庞大，所以也有不少人士参政，乃至入选内阁。同时，印巴移民也基本把持了伦敦各地的众多小杂货店生意，群众基础雄厚。

华人普遍不关心政治，有逆来顺受的好脾气。哪个政党上台就听哪个，所以这样也比较被动，认为自身无法进入英国人的主流政治舞台。近来也有不少社会团体在努力提高华人的政治参与度，2010年大选涌现了8位具有华人血统的候选人便是一个不小的进步。但仍然道阻且长。特别是卡梅伦的保守党政府上台后，对外将进一步收紧移民政策，对移民实行限额，使华人移民数目增加速度放缓；对内削减政府开支，导致众多人下岗失业，华人的日子也随经济大势一起难过起来。这个情况下，其实更需要在政府中有华人背景的议员出面为华人群体说话。

总体来说，英国人还是岛民心态，觉得自己的国家资源有限，人口众多，而且正统的传统深厚，并不像美国人人都是移民，心态更加开放。所以他们收紧移民政策也是可以理解的，最新实行的移民制度是积点计分制，规则还在不断严格化。比如以往在英国连续居住10年就可以自动获得永久居民身份，现在正考虑剔除学生上学的时间，不将其计算在内。另外，以往连续工作5年也可以获得永居身份，现在正考虑提高到8年。

华人的后代，也就是开头所说的BBC，在这种环境下自然面临着身份认同的问题。是彻底地英国化，早日进入英国主流社会，还是保持中国特色？两方面都坚持是有一定难度的。不过也有不少家长在这么做。周末的少儿普通话学校生意还不错。一位在里面兼职教书的朋友这么说。

跋

这本小书其实写不完英国绵延近千年的民主进程，也写不完当今英国社会上下纵深。它像是一部意犹未尽的小品，期待读者的接力，也期待我自己将来的继续探究。

而它最终能愿望成真地出版，我有很长的感谢名单要列。

首先要感谢一直陪伴我的家人。在伦敦的一年是一场奇妙的时光之旅。它是一场适时而来的“壮游”，开启的是视野、生命的可能性以及人生中自己或许还未觉察的新方向。这一切是太太和儿子与我一起在异国相互扶持经历而来的。至今还难忘在伦敦长年的低温里，在东芬奇利的Bernard Johnson House宿舍电视房里，于深夜开着破旧的惠普笔记本奋战书稿。从窗外望过去，我们那有着巨大落地窗，正对一片草坪的房间经常还亮着灯。那是太太在等我回家，也是鼓舞我继续写作的灯光。也难忘我写作时常去的马斯维尔社区图书馆，那里虽然空间逼仄却有免费无线网络以及礼貌、清静的环境。还有给我提供了很大帮助的伦敦大学图书馆，那其实是一座校际图书馆（伦敦大学其实是由多个独立的大学院校组成），但它对每个学生都一视同仁，帮助有加。还要感谢陪伴了我一年的照相机，帮我留下了伦敦不少美好瞬间，也在采访中发挥了重要作用。其中部分照片在这本书中得以向读者呈现一个更真实的英国。

随着毕业、迁徙，这本书的后期写作一直在动荡状态中进行，是太太给我不断的鼓励和鞭策，使一个民主政治的门外汉能够坚持写完这本粗浅的入门书，为英国的这一年留下厚重的记忆。

还要感谢我远在家乡潮州的父母。他们一直默默关注我的动态。因为这个需要他们学会了使用电脑上网，看博客、看新闻，和我们视频聊天。父亲虽然一直敲打我在政治研究上要谨慎，但他也在半年前开始看韩寒的博客并大加赞许。我想这就是互联网的力量吧。它的持续发展能让文明和价值观传播得更深入，打破时代和年龄的鸿沟。

作为近几年来在我个人发展上的引路人，香港大学的陈婉莹教授令我获益良多。是她把我带上了这条向国际化靠拢的道路。正是她的决定，让我有到美国亲身采访总统大选的机会，也使我对民主政治的研究产生了初步的兴趣。

我在伦敦大学学院的授业导师David Hudson, Jennifer Hudson, Ben Worthy, Meg Russell 向我开启了政治科学学术世界的大门，让我这个来自遥远东方国度的驽钝学生能在年过三十后接触到另外一个新世界。

在此还要特别感谢南方日报出版社副社长谭庭浩先生、编审梁建华先生。我们之前已经在我的第一本著作有过愉快的合作。这本书能够顺利出版，有赖于他们的慧眼和爱护。特别是梁建华先生花费了大量的心血校读。

此外要感谢上海《东方早报》国际部魏星主任和杨小舟编辑。本书的部分文章曾以专栏形式发表在他们的版面，读者的反馈使我能够对文章不断进行改进。

最后还要感谢我们在伦敦的邻居吴晓玲和陈劲松夫妇，他们在伦敦生下了一个可爱的男孩。伦敦的日子是美好的，正因为有这样一些朋友相互帮助。

现在，一闭上眼，我经常能嗅到伦敦的味道，那是一种清冽的、规范的，又富有人情味的味道。我也经常梦回东芬奇利那不甚宽阔却充满阳光和美丽小店的High Road上，耳畔响过北线地铁有节奏的铁轨碰击声，灵魂便随即上车，一直通往伦敦最中心的特拉法加广场去，南瞰威斯敏斯特，西望白金汉宫，身躯混迹在从世界各地而来的人群当中。

2010年11月21日

定稿于上海徐家汇

图书在版编目（CIP）数据

民主是个技术活儿 / 李梓新著. -- 广州 : 南方日报出版社, 2011.2
ISBN 978-7-5491-0179-5

Ⅰ. ①民… Ⅱ. ①李… Ⅲ. ①民主—研究—英国 Ⅳ. ①D756.109

中国版本图书馆CIP数据核字(2011)第022046号

民主是个技术活儿 李梓新著

出版发行：南方日报出版社
地　　址：广州市广州大道中289号
电　　话：（020）83000502
经　　销：全国新华书店
印　　刷：佛山市浩文彩色印刷有限公司
开　　本：889mm×1194mm　1/16
印　　张：11
字　　数：115千字
版　　次：2011年3月第1版
印　　次：2011年3月第1次印刷
定　　价：25.00元

投稿热线：（020）83000503　读者热线：（020）83000502

网址：http://nf.nfdaily.cn/press/